NICKI TRENCH

HÜHNERSTALL UND KÜCHENGARTEN

NICKI TRENCH

HÜHNERSTALL UND KÜCHENGARTEN

Landleben im eigenen Garten

Jan Thorbecke Verlag

VERLAGSGRUPPE PATMOS

**PATMOS
ESCHBACH
GRÜNEWALD
THORBECKE
SCHWABEN**

Die Verlagsgruppe
mit Sinn für das Leben

Fotografien: David Merewether (Seite 71, 75, 76, 79, 87, 108, 111, 133, 134/6: Caroline Hughes)
Illustrationen: Michael Hill

Aus dem Englischen von Renate Christ

Alle Rechte vorbehalten
© der deutschen Ausgabe 2012 Jan Thorbecke Verlag der Schwabenverlag AG, Ostfildern
www.thorbecke.de
© der Originalausgabe mit dem Titel „Creating Your Garden Farm" 2010 erschienen bei CICO Books, an imprint of Ryland Peters & Small Ltd, 20–21 Jockey's Fields, London WC1R 4BW
Text © Nicki Trench 2010
Design, Fotografien und Illustrationen © CICO Books 2010

Umschlaggestaltung: Finken & Bumiller, Stuttgart
Gedruckt in China
ISBN 978-3-7995-3573-1

Inhalt

Einführung		6
Kapitel 1	**Zu Beginn**	12
	Wie Sie Ihren Küchengarten planen	14
	Boden	20
	Kompostieren	24
	Wurmkomposter	28
	Anbau in Hochbeeten	30
	Ausrüstung	32
Kapitel 2	**Aussaat und Anbau**	36
	Geschützter Anbau	38
	Säen und Pflanzen	42
	Anbau in Gefäßen	51
	Bewässern	54
	Krankheiten und Schädlinge	58
Kapitel 3	**Der Küchengarten**	62
	Wurzel- und Knollengemüse	64
	Kohlgemüse	72
	Hülsenfrüchte	82
	Zwiebelgemüse	90
	Kürbisgemüse	98
	Blattgemüse	104
	Stängel- und Staudengemüse	110
	Obst anbauen	122
	Kräuter ziehen	134
	Wildfrüchte und Wildkräuter	140
	Die Erzeugnisse aufbewahren	144
Kapitel 4	**Tierhaltung**	148
	Hühnerhaltung	150
	Bienenzucht	170
	Ziegenhaltung	178
	Schweinehaltung	180
Nützliche Adressen und Internetseiten		182
Register		188
Dank der Autorin		192

Einführung

Hinter der Begeisterung für den Anbau von eigenem Obst und Gemüse und für die Verwendung frischer, regionaler Produkte steckt weit mehr als nur die Reduktion der Kosten. Wir erkennen nicht mehr die wahren Formen, Farben und Texturen der in Plastik verpackten Erzeugnisse in den Supermarktregalen. Uns wird eine Welt präsentiert, die mit der Wirklichkeit nichts mehr zu tun hat. Fettfreie Hühner ohne Kopf und Beine in Zellophan; Äpfel, Karotten und Tomaten, die alle dieselbe Form und Farbe besitzen; Brokkoli, der so perfekt zurechtgeschnitten und verpackt ist, dass niemand weiß, wie er in Wirklichkeit aussieht. Wenn Sie Ihr eigenes Obst und Gemüse anbauen, sehen Sie die Pflanzen, wie sie wirklich sind: die wunderschönen, tiefrot geäderten Blätter der Roten Bete, seltsam geformte Karotten oder die majestätische, distelartige Blüte der Artischocke.

Nehmen Sie sich der Sonderlinge an

Heutzutage lehnen die Menschen seltsam geformtes Gemüse ab. Bei der ganzen Perfektion, die uns in der Küche umgibt, legen wir vielleicht bei Menschen dieselben seltsamen Maßstäbe an. Die Welt der Werbung ist hier für einiges verantwortlich. Und wie viele Kinder können die verschiedenen Gemüsesorten benennen, wenn sie sie sehen, geschweige denn die jeweilige Pflanze erkennen, oder wissen, woher die Fleischstücke kommen?

Nehmen Sie eine Veränderung zum Besseren vor

Je mehr sich die Menschen darüber klar werden, welchen Einfluss die Transportwege der Lebensmittel auf die Umwelt haben und welche Vorteile es bringt, ungespritzte, regionale und biologisch angebaute Lebensmittel zu verzehren, desto eher entscheiden sie sich wieder dafür, diese selbst anzubauen. Bei der Haustierhaltung haben die Hühner die Kaninchen und Meerschweinchen überflügelt. Haustiere sind nützlich: Katzen sind großartige Ratten- und Mäusefänger und Hunde halten unwillkommene Katzen von der frischen Erde Ihres Gemüsebeetes fern. Aber nichts schmeckt so gut und lecker wie ein leuchtend gelbes Ei, das von Ihren eigenen freilaufenden glücklichen Hühnern produziert wurde.

Verwenden Sie Ihre Zeit und Ihren Platz auf kluge Art

Der Platz, der Ihnen zur Verfügung steht, wird darüber bestimmen, wie weit Sie als Landwirt im eigenen Garten gehen können. Wenn Sie lediglich eine kleine Terrasse haben, auf der nur wenige Töpfe Platz finden, dann sollten Sie sich dadurch nicht abhalten lassen. Man kann auch auf engem Raum einige verschiedene Obst- und Gemüsesorten anbauen. Wenn Sie mehr Platz haben, können Sie bei sorgfältiger Planung genügend Beete anlegen, um einen Fruchtwechsel durchzuführen, der die Gesundheit Ihrer Pflanzen und der Erde erhält. Außerdem

GEGENÜBERLIEGENDE SEITE: Reife, knackige Äpfel, die nur darauf warten, direkt vom Baum gepflückt und gegessen zu werden.

UNTEN: Frische Eier mit leuchtend gelben Dottern, die Ihre Hennen täglich legen.

haben Sie die Möglichkeit, Hühner und Bienen oder sogar Ziegen und Schweine zu halten. Und damit sind Sie auf dem besten Weg, autark zu werden.

Tieren muss man Zeit widmen und sie müssen an einem geeigneten Ort gehalten werden, der optimal zu ihnen passt – und zu Ihnen! Es muss auf beiden Seiten funktionieren: Ein entflohenes Schwein, das in seinen Koben zurückgescheucht wird, mag für amüsierte Zaungäste ein lustiges Schauspiel bieten, aber es kann Ihr Gemüse in nur zwei Minuten komplett zerstören.

In unserer modernen Gesellschaft spielt Zeit eine große Rolle. Die meisten Leute können einfach nicht ihre gesamte Zeit darauf verwenden, Selbstversorger zu werden, aber selbst wenn Sie Ihr Leben in dieser Hinsicht auch nur in geringem Maße ändern, tragen Sie zum Wohl der Umwelt und zu Ihrem Wohlbefinden bei. Zu gewissen Zeiten des Jahres mögen Ihre selbst angebauten Erzeugnisse vielleicht etwas knapp sein, aber mit ein wenig Planung gelingt es, zu jeder Saison etwas auf den Tisch zu bringen.

Tun Sie etwas für Ihre Gesundheit

Wenn Sie Zeit im Garten verbringen, hat das enorme Vorteile für Ihre Gesundheit. Nicht nur, weil Sie draußen an der frischen Luft arbeiten, sondern auch, weil das Umgraben und Vorbereiten des Bodens, das Jäten und das Umsetzen des Komposthaufens Besuche im Fitnessstudio überflüssig machen. Viele Gemeinden legen Gemeinschaftsgärten an und stellen fest, dass das Arbeiten mit der Erde den Leuten nicht nur für die körperliche Gesundheit von großem Nutzen ist, sondern ihnen auch einen Sinn gibt und für ihr geistiges Wohlbefinden sorgt.

Gemüse wird am besten frisch geerntet, weil es natürlichen Zucker enthält, der sich schnell in Stärke umwandelt. Bis kommerziell angebautes Gemüse in den Supermarktregalen ankommt, hat es häufig bereits den Großteil seiner Güte verloren. Sobald Sie anfangen, Ihre eigenen Erzeugnisse zu ernten und zu essen, werden Sie von dem Feuerwerk des Geschmacks so überwältigt sein, dass jedes im Laden gekaufte Produkt bedeutungslos wird.

Überwinden Sie die Altersgrenze

Es spielt keine Rolle, wie alt Sie sind, wenn Sie einen Bauerngarten in Erwägung ziehen. Gemüse, Obst, Kräutern und Tieren ist es egal, wie alt oder jung Sie sind, und sie werden ihr Bestes geben, um mit Ihnen zusammenzuarbeiten. Wenn Sie Kinder haben, versuchen Sie, sie beim Anbau Ihrer Erzeugnisse und bei der Versorgung der Tiere so viel wie möglich einzubeziehen. So lernen sie, wie sie Lebensmittel anbauen können, die sie essen, und bekommen durch die Tierhaltung einen Sinn für Verantwortung und Pflege.

Ich bin immer wieder über meine Tochter im Teenageralter erstaunt: Sie schwört, dass sie lieber jeden Tag bei Prada einkaufen würde, als in den Garten zu gehen, und dass man sie nie im Leben im Gemüsebeet sehen wird. Aber wenn ihre Freunde da sind, dann gräbt sie ganz stolz Gemüse aus, das „wir" angebaut haben, und zeigt es herum. Und obwohl sie eine Vogelphobie hat, nimmt

GEGENÜBERLIEGENDE SEITE: Knoblauch muss trocknen, bevor er zusammengebunden und gelagert werden kann.

sie ihre Übernachtungsgäste zur Frühstückszeit immer ganz fröhlich auf Eiersuche mit.

Treten Sie der „Bauerngarten-Gemeinschaft" bei

Da das Wissen vorangehender Generationen darüber, wie man einen Bauerngarten unterhält, verschwunden ist, kommt es häufig vor, dass auch die Eltern überhaupt nichts über Gartenbau wissen. Wahrscheinlich müssen Sie Erfahrung und Wissen von Ihrer Gemeinde vor Ort erwerben. Erfahrene Gärtner sind überglücklich, wenn sie ihre Kenntnisse und Ratschläge mit Ihnen teilen können. Durch den Gemüseanbau und die Tierhaltung habe ich ein paar faszinierende und außergewöhnliche Menschen kennengelernt. Ich habe vor allem gelernt, dass es immer noch mehr zu lernen gibt. Sogar Gärtner, die ihr ganzes Leben lang Obst und Gemüse angebaut oder Tiere gehalten haben, sind immer noch begierig, von Ihren Erfahrungen zu hören, die ihnen wiederum helfen könnten, mögen sie auch noch so klein und trivial sein.

In meiner Nachbarschaft tauschen wir oft unsere Erzeugnisse aus: Ein Überangebot an Zucchini, Kartoffeln oder Roter Bete wechselt oft für Gläser mit Honig, Marmelade oder Chutney oder für Eier den Besitzer. Und wenn Sie einmal wegmüssen oder Ferien brauchen, dann sind diese Kontakte von unschätzbarem Wert, wenn Sie jemanden brauchen, der sich um Ihre Tiere kümmert oder Ihren Garten wässert.

Es ist auch immer gut, mit dem örtlichen Gartenbau- oder Geflügelzuchtverein oder der Imkervereinigung Kontakt aufzunehmen. Sie werden viel Gemeinschaftssinn erwerben und später vielleicht sogar ein paar Ihrer Erzeugnisse oder Ihrer Tiere bei lokalen Schauen zeigen und mit ihnen Preise gewinnen.

Erlangen Sie Inspiration und Entspannung

Ihr Bauerngarten wird ein Ort sein, an dem Sie sich entspannen, Energie tanken und sich von dem Druck, den unser heutiges Leben ausübt, erholen können. Manche Bemühungen werden von wechselndem Erfolg gekrönt sein und Sie werden auch ein paar Fehler begehen. Bald aber erkennen Sie, dass die Samen und Pflanzen zusammen mit Ihrer Begeisterung und Ihrem Selbstvertrauen aufblühen werden und dass Sie eine Lebensweise angenommen haben, von der es kein Zurück gibt.

Dadurch, dass Sie oft an der frischen Luft sind, wird sich Ihre Wahrnehmung der Natur und der Jahreszeiten verbessern. Als ich kürzlich mit meiner Familie Brombeeren sammeln war, trafen wir viele wilder Tiere, mit denen wir an diesem Tag nicht gerechnet hatten: ein in einer Hecke verstecktes Nest voller Jungvögel, ein nach Nüssen suchendes Eichhörnchen und eine durch den Wald springende Hirschfamilie. Das sind Erlebnisse, die wir – wären wir zu Hause geblieben – nie erfahren hätten.

GEGENÜBERLIEGENDE SEITE: Wenn Sie die Wege zwischen Ihren Gemüsebeeten anlegen, dann achten Sie darauf, dass sie breit genug für eine Schubkarre sind.

KAPITEL 1

Zu Beginn

Wenn Sie sich für die Anlage eines Bauerngartens entschieden haben, kann es schwierig sein, den Anfang zu finden. Das Angebot in Gartencentern und Saatgutkatalogen ist einfach überwältigend. Das Geheimnis liegt in der Planung: Machen Sie eine Liste, bevor Sie ins Geschäft gehen oder im Katalog blättern. Denken Sie darüber nach, welches Obst und Gemüse Sie anbauen möchten. Die Gemüsesorten, die Sie gerne essen, der Platz, den Sie zur Verfügung haben, und die Zeit, die Sie aufwenden können, sind Faktoren für die Auswahl. Zu Beginn probieren Sie sicher viel aus und werden auch einmal scheitern.

Lassen Sie sich nicht von der Befürchtung abschrecken, Sie hätten nicht die richtige Ausrüstung. Im Handel sind viele verschiedene Geräte erhältlich, aber für den Anfang benötigen Sie lediglich die Grundgeräte: eine Grabegabel, eine Pflanzkelle und eine Gießkanne.

Die Kosten müssen nicht zum Problem werden. Ein Päckchen mit Samen ist erstaunlich billig. Sie benötigen ein paar Säcke Erde, um Ihre Saatschalen anzulegen, und bis Sie Ihren eigenen Gartenkompost produziert haben, empfiehlt es sich fürs erste Jahr, gut verrotteten Dünger zur Anreicherung des Bodens zu kaufen. Vielleicht kennen Sie auch einen Bauern oder haben einen Nachbarn, der Tiere hält, der Sie im Austausch für Ihre Gartenerzeugnisse umsonst mit Mist versorgt.

Gemüsepflanzen sind sehr bereitwillige Gefährten: Die Samen wollen keimen und die Pflanzen mit großer Begeisterung wachsen. Lassen Sie sich auch von Schädlingen und Krankheiten nicht abschrecken – die machen oft weniger Probleme, als Sie glauben. Mit wachsender Erfahrung werden Sie die besten Methoden zur Kontrolle und Bekämpfung herausfinden. Einen Gemüsegarten anzulegen, ist eines der vergnüglichsten Dinge im Leben, und mit ein wenig Überlegung und Planung sind Sie auf absehbare Zeit gerüstet.

WIE SIE IHREN KÜCHENGARTEN PLANEN
Nahrung für den Kopf

Im Frühling kann man angesichts der Menge von Samenpäckchen in den Regalen der Gartencenter oder in den Bestellkatalogen leicht den Überblick verlieren. Ein gut angelegter Gemüsegarten ist auch ein schöner Anblick. Die unterschiedlichen Größen, Formen, Farben und Texturen der Blätter und Früchte verleihen Ihrem Garten eine prächtiges und üppiges Aussehen und eine einladende Atmosphäre.

Was soll man anpflanzen?

Erstellen Sie eine Liste mit Gemüsesorten, die Sie gerne anpflanzen möchten, und ordnen Sie sie im Garten entsprechend der Menge, der Pflanzzeit und dem zur Verfügung stehenden Platz an. Pflanzen Sie hohes Gemüse im nördlichen Teil des Gartens an, damit es niedrig wachsende Sorten nicht überschattet. Eine sorgfältige Planung sorgt dafür, dass Sie das ganze Jahr über Gemüse ernten können. Führen Sie in einem Garten-Notizbuch oder Ihrem Computer darüber Buch, welche und wie viele Sorten Sie gepflanzt haben, wie gut diese gewachsen sind und wann und was Sie geerntet haben. Das wird Ihnen sehr viel nützen, wenn Sie die Bepflanzung für die kommende Saison planen.

Sprechen Sie mit Bauern oder Gartenbauvereinen vor Ort darüber, welche Sorten sie anbauen und wann sie sie pflanzen und ernten. Fragen Sie auch nach dem Zeitpunkt des ersten und letzten Frostes und planen Sie Aussaat und Pflanzung entsprechend.

Standort

Gemüsebeete sollten sich am besten auf ebenem Gelände und so nah wie möglich am Haus befinden. Beete außer Sichtweite werden eher vernachlässigt, und wenn sie von innen zu sehen sind, ist es viel einfacher zu entdecken, wenn ein entflohenes Huhn Ihren traumhaft gewachsenen, zarten Spinat plündert. Ich hatte einmal ein Gemüsebeet, das vom Haus aus nicht zu sehen war. Bei meiner üblichen Runde am Abend fand ich eine ganze Reihe junger Blätter, die von einem ausgebrochenen Huhn niedergepickt worden waren, das den ganzen Tag über ungesehen fröhlich daran hatte knabbern können.

Platzbedarf

Pflanzen Sie entsprechend dem Platz, den Sie haben, und entsprechend der Bodenart und des Klimas vor Ort. Manche Gemüsesorten, z. B. Artischocken und Kopfkohl, benötigen viel Platz und wachsen langsam, was bedeutet, dass sie die ganze Saison über wertvollem Raum in Anspruch nehmen. Wenn Sie eine kleine Fläche oder eine Terrasse haben, pflanzen Sie in Töpfen oder Kübeln an (siehe Seite 51–52). Vermeiden Sie es, wertvollen Platz an eine Pflanze zu binden, die Monate zum Wachsen braucht und die Sie vielleicht gar nicht essen.

Sie sollten darauf vorbereitet sein, Platz, der frei wird, mit einer anderen Pflanze zu besetzen. Wählen Sie ertragreiche und schnell wachsende Sorten. Pflücksalat ist z. B. sehr gut dazu geeignet, Lücken zu füllen. Wenn Sie das „Ersatzgemüse" in kleinen Töpfen vorziehen, kann es ins Gemüsebeet gepflanzt werden, sobald der Platz frei wird.

Verwenden Sie Stangen oder Spaliere aus Holz oder Schnur, um rankende Pflanzen wie Tomate, Kürbis, Gurke oder Stangenbohne zu stützen. Das

Anbinden reduziert den Platzbedarf auf ein Minimum und erhöht die Produktivität des Gartens.

Früh reifende, schnell wachsende Gemüsesorten, wie Bohnen, Radieschen, Zwiebeln, Spinat, Rucola oder Pflücksalat, können zwischen die Reihen mit später reifendem Gemüse, wie Tomaten, Paprika, Kopfkohl oder Mais, gepflanzt werden, um auf einer kleinen Fläche die Produktion zu erhöhen. Erstere werden geerntet, bevor Letztere groß werden und das Sonnenlicht wegnehmen.

Wasser

In den Sommermonaten erspart Ihnen ein Wasserhahn im Außenbereich oder ein Gartenschlauch das häufige Schleppen der Gießkanne zum und vom Haus. Achten Sie darauf, dass Ihr Gartenschlauch lang genug ist, um an alle Beete zu reichen. Legen Sie Ihren Gemüsegarten nicht an Stellen mit Staunässe an, sondern suchen Sie einen Ort, an dem der Boden gut durchlässig ist.

Ihre Beete sollten nach Möglichkeit nicht in der Nähe von Baumwurzeln oder schattigen Sträuchern liegen, da diese mit Ihrem Gemüse um die Feuchtigkeit im Boden wetteifern würden.

Wetter

Vermeiden Sie windige Standorte. Wenn es sich nicht vermeiden lässt, denken Sie über die Anlage einer kleinen Hecke oder eines Zaunes um Ihren Gemüsegarten nach. Hecke oder Zaun müssen jedoch weit genug weg stehen und dürfen nicht zu hoch sein, damit sie nicht zu viel Schatten werfen. Ihre Pflanzen wachsen am besten, wenn sie so viel Sonne wie möglich bekommen. Manche bevorzugen allerdings während der heißen Monate ein wenig Schatten. Um optimal wachsen zu können, benötigt Gemüse mindestens sechs Stunden Sonnenlicht täglich. Bedenken Sie, dass die Sonne im Frühjahr und Herbst tiefer steht, was unter Umständen darauf Einfluss hat, wie der Garten von in der Nähe stehenden Bäumen beschattet wird.

UNTEN: Mit Pflücksalat lässt sich der Platz zwischen den Reihen anderer Gemüsesorten gut ausnutzen.

Überangebot

Wenn Sie von einer Gemüsesorte mehr haben, als Sie und Ihre Familie essen können, dann ziehen Sie in Erwägung, sich mit Nachbarn und Freunden zu einer „Gemüsetauschgesellschaft" zusammenzutun. Meine Nachbarn und mich kann man oft zur Abendessenzeit beobachten, wie wir mit gezückten Messern oder Scheren in den Gärten der anderen herumwandern und verschiedene Gemüse ernten. Manche von uns bevorzugen es, dekorative Kohlköpfe zu pflanzen, während andere eher Blattsalate oder verschiedene Karottensorten anbauen. Wir alle teilen unseren Überschuss an Gemüse lieber mit anderen, als ihn wegzuwerfen, und das führt zu einem wundervollen Gemeinschaftsgefühl und einem freundschaftlichen Wettbewerb darüber, wer die besten Pflanzen hat.

Wilde Tiere

Die meisten wilden Tiere sind für den Küchengärtner ein Gewinn: Igel vertilgen eine Reihe von Gartenschädlingen, Füchse fangen Mäuse und Frösche verzehren Schnecken. Allerdings können manche Vögel, vor allem Tauben, eine rechte Plage sein, weil sie Sämlinge mit Blättern verschlingen. Mäuse können lästig werden, wenn sie vor Ihnen zu Ihren reifen Erdbeeren gelangen.

Fruchtwechsel

Eine Gemüsesorte sollte nicht jedes Jahr an derselben Stelle angebaut werden. Deshalb ist es sehr wichtig, dass Sie den Standort im Drei- oder Vierjahresrhythmus wechseln. Fruchtwechsel verhindert Schädlinge und Krankheiten und sorgt dafür, dass der Nährstoffgehalt im Boden ausgewogen bleibt.

Um Fruchtwechsel durchzuführen, braucht es Grundkenntnisse der verschiedenen Gemüsearten. Gemüse-Familien (siehe Tafel unten) sollten gemeinsam den Standort wechseln, weil sie den Boden auf ähnliche Weise beanspruchen und von ähnlichen Schädlingen befallen werden. Die meisten Gemüse sind winterharte oder bedingt winterharte einjährige Pflanzen und sollten jedes Jahr auf einem von vier Standorten gepflanzt werden, so dass dieselbe Gemüseart innerhalb von vier Jahren nicht an derselben Stelle gepflanzt wird.

Gemüsefamilien

Wurzel- und Knollengemüse Kartoffeln, Karotten, Rote Beten, Radieschen, Pastinaken

Kohlgemüse Kopfkohl, Brokkoli, Rosenkohl, Blumenkohl, Grünkohl

Hülsenfrüchte Erbsen, Bohnen

Zwiebelgemüse Knoblauch, Lauch, Zwiebeln, Schalotten

Kürbisgemüse Gartenkürbisse, Riesenkürbisse, Zucchini, Moschuskürbisse, Melonen, Gurken

Stängel- und Staudengemüse Staudensellerie, Knollensellerie, Fenchel, Artischocken, Spargel, Rhabarber

Fruchtgemüse Tomaten, Paprika, Peperoni, Mais

Blatt- und Salatgemüse Kopfsalat, Senfkresse, Radicchio, Chicorée, Endivie, Rucola, Spinat, Mangold

OBEN: *Im Uhrzeigersinn von oben links: Wurzelgemüse, Kohlgemüse, Hülsenfrüchte, Zwiebelgemüse. Wechseln Sie die Beete jährlich.*

Mischkultur

Das Konzept der Mischkultur besteht darin, dass man bestimmte Pflanzen um andere Pflanzen herum oder in deren Nähe pflanzt, die für die Schädlingsbekämpfung sorgen, so dass man keine Chemikalien zu verwenden braucht. Manche Kombinationen funktionieren, indem die Pflanzen einen Duft verströmen, der Insekten vertreibt, Nützlinge anzieht oder als Köder für Schädlinge fungiert. Die Pflanzen geben außerdem Nährstoffe in den Boden ab oder bieten Schutz vor Wind oder Sonne. Das Anlegen von Mischkulturen ist keine neue Idee, aber die Debatte darüber, ob sie funktioniert oder nicht, hält immer noch an. Es lohnt sich aber, die Methode auszuprobieren, wenn Sie Probleme damit haben, eine bestimmte Gemüsesorte anzubauen, oder wenn Sie Schädlinge mit organischen Mitteln nicht loswerden können. Verwenden Sie diese Tabelle als Leitfaden für die Auswahl von Pflanzen, die entweder bestäubende Insekten anziehen oder solche, die Jagd auf Schädlinge machen, damit Ihre Pflanzen gut gedeihen.

Pflanze	Gute Nachbarn
Apfel	Kapuzinerkresse erklimmt den Baum und vertreibt den Apfelwickler. Unter Apfelbäumen angebauter Schnittlauch verhindert Apfelschorf.
Spargel	Petersilie verbessert den Geschmack.
Avocado	Beinwell ist ein großartiger natürlicher Kompost- und Nährstofflieferant.
Bohne	Rosmarin vertreibt Bohnenkäfer. Mais dient den Bohnen als Rankhilfe und die Bohnen ziehen Insekten an, die Maisschädlinge vernichten.
Rote Bete	Zwiebel, Kopfsalat, Kopfkohl, Knoblauch: Wenn die Blätter im Boden kompostieren, reichern sie ihn mit Mineralstoffen an.
Kohlgemüse (Kopfkohl, Blumenkohl, Brokkoli)	Dill zieht Wespen an, die den Kohlweißling unter Kontrolle halten. Rosmarin, Minze und Knoblauch vertreiben den Kohlweißling. Kamille vertreibt Fliegen und Mücken und stärkt in der Nähe wachsende Pflanzen. Außerdem aromatische Pflanzen, Salbei, Rote Bete, Pfefferminze, Bohne, Zwiebel und Kartoffeln
Karotte	Tomaten wachsen gut mit Karotten, können aber deren Wachstum hemmen. Bohnen liefern Stickstoff, den Karotten mehr benötigen als manch andere Gemüse. Aromatische Nachbarn wie Zwiebel, Salbei, Rosmarin, Lauch und Schnittlauch neigen dazu, die Karottenfliege zu vertreiben. Außerdem Kopfsalat, Erbse, Gurke

Pflanze	Gute Nachbarn
Sellerie	Lauch verbessert das Wachstum.
Zucchini, Gurke	Studentenblumen (Tagetes) sind den meisten Pflanzen gute Nachbarn. Ihre Wurzeln produzieren eine starke, Schädlinge bekämpfende Chemikalie. Rettiche vertreiben Gurkenkäfer und Gemüsefliegen. Außerdem Bohne, Mais und Erbse
Obstbäume	Rainfarn dient allgemein gut zur Bekämpfung von Insekten, Ameisen und Mäusen und ist auch eine nützliche Ergänzung für den Komposthaufen, weil er viel Kalium enthält. Vorsicht: Pflanzen Sie ihn nicht in die Nähe Ihres Viehbestands, denn er ist für viele Tiere giftig. Außerdem Beinwell
Kopfsalat	Blumen bieten Kopfsalat lichten Schatten. Zwiebeln verbessern den Geschmack. Außerdem Karotten und Rettich
Zwiebel	Lauch verbessert das Wachstum. Kamille vertreibt Fliegen und Mücken und stärkt in der Nähe wachsende Pflanzen.
Kartoffel	In die Ecken des Kartoffelbeetes gepflanzter Meerrettich bietet allgemeinen Schutz. Tomaten und Kartoffeln nicht nebeneinander pflanzen, weil beide sowohl an der Dürrfleckenkrankheit als auch an Krautfäule erkranken und sich gegenseitig anstecken können. Gute Kombinationen mit Kohl, Studentenblume, Mais
Riesenkürbis	Die Studentenblume vertreibt Käfer. Kapuzinerkresse vertreibt Wanzen und Käfer. Oregano bietet Schutz gegen Schädlinge. Außerdem Mais und Gartenkürbis
Himbeere	Knoblauch hält Blattläuse fern.
Spinat	Rettich lockt Minierfliegen und -motten weg.
Gartenkürbis	Borretsch verbessert Wachstum und Geschmack.
Erdbeere	Zwiebel, Knoblauch und Borretsch verbessern den Geschmack. Zwiebeln unterstützen die Beeren bei der Bekämpfung von Krankheiten. Borretsch steigert den Ertrag.

Pflanze	Gute Nachbarn
Tomate	Die Studentenblume vertreibt die Weiße Fliege. Borretsch schreckt den Tomatenschwärmer ab und verbessert Wachstum und Geschmack. Zwiebeln, Knoblauch und Petersilie helfen dabei, den Geschmack zu verbessern. Tomaten und Basilikum schützen sich gegenseitig im Gewächshaus gegen Fliegen und Blattläuse. Minze schreckt Ameisen und Flöhe ab und vertreibt Kleidermotten. Außerdem Spargel, Schnittlauch, Karotten und Brokkoli
Die meisten Pflanzen	Die Studentenblume vertreibt die Karottenfliege und dient allgemein zur Insektenabwehr.
Die meisten Pflanzen, besonders Rettiche, Kohlgemüse, Kürbisgemüse, Obstbäume	Die Kapuzinerkresse sondert Senföl ab, das viele Insekten anziehend finden, vor allem der Kohlweißling. Die Blüten vertreiben Blattläuse und den Gurkenkäfer. Wenn die rankende Variante den Stamm eines Apfelbaums erklimmt, vertreibt sie den Apfelwickler.
Die meisten Pflanzen	Die Nessel ist überall nützlich; verstärkt Aroma und Schärfe von Kräutern.
Die meisten Pflanzen	Fenchel vertreibt Fliegen, Flöhe und Ameisen.
Die meisten Pflanzen	Erbsen binden Stickstoff an den Boden. Zusammen mit Mais, Bohne, Karotte, Gurke, Petersilie, Frühkartoffel, Rettich, Spinat, Erdbeere und Paprika pflanzen. Erbsen nicht mit Zwiebeln pflanzen.
Die meisten Pflanzen	Pflanzen Sie überall im Garten Sonnenblumen, um Blattläuse abzuwehren. Ameisen treiben die Blattläuse auf die Sonnenblumen, wo sie wenig Schaden anrichten können.
Die meisten Pflanzen	Thymian schützt Kohlgemüse, verbessert Wachstum und Geschmack von Gemüse und dient als allgemeines Insektenabwehrmittel.
Die meisten Pflanzen	Katzenminze vertreibt Flöhe, Ameisen und Nagetiere.

Zu Beginn

BODEN
Grundregeln

Der Boden ist die wichtigste Ressource in Ihrem Küchengarten. Die Art und der Zustand Ihres Bodens beeinflussen die Früchte, die Sie anbauen. Wenn Sie gut für Ihren Boden sorgen, wird er für Ihr Gemüse sorgen, das wiederum für Sie sorgen wird.

Zusammensetzung

Boden besteht aus organischem Material: aus Bakterien, Pilzen und winzigen Lebewesen, die organisches Material wiederverwerten und Luft, Feuchtigkeit und Mineralstoffe dazu verwenden, lebenswichtige Pflanzennahrung herzustellen. Ein gut ausgewogener Boden enthält drei verschiedene Arten von Partikeln zu gleichen Teilen: Sand, Schluff und Ton. Ton hat die kleinsten Teilchen, Schluff hat mittelgroße Teilchen und Sand besitzt die gröbsten Teilchen. Lehm, der ideale Gartenboden, ist eine Mischung aus 20% Ton, 40% Schluff und 40% Sand.

Die Böden variieren von Region zu Region stark und manchmal dominiert eine Art von Mineralteilchen (siehe Tafel unten). Wenn das bei Ihrem Boden der Fall ist, können Sie ein wenig nachhelfen. Böden, die jahrelang nicht bearbeitet wurden, fehlt oft das eine oder andere Element, das für gesunde Pflanzen wichtig ist. Ein mittlerer, mit organischem Material gut versorgter Boden ist für die meisten Gemüsearten ideal. Er ist durchlässig, leicht zu bearbeiten, erwärmt sich schnell und hält im Sommer gut die Feuchtigkeit.

Welchen Bodentyp haben Sie?

Sandboden	Trocken und körnig, rinnt leicht durch die Finger. Im Winter lässt er das Wasser leicht ablaufen und erwärmt sich im Frühling gut. Speichert nicht viele Nährstoffe und kann im Sommer schnell austrocknen.
Tonboden	Klebrig. Wenn er zu einer Kugel gedrückt wird, behält er seine Form. Er backt beim Trocknen zusammen – für junge Pflanzen unbrauchbar. Er ist reich an Nährstoffen, lässt im Winter das Wasser schlecht ablaufen, bleibt im Sommer normalerweise feucht.
Schluffboden	Fühlt sich seidig an. Er lässt sich weder zu einer Kugel formen, noch rinnt er leicht durch die Finger. Nimmt im Winter schnell Schaden. Er ist ein fruchtbarer Boden und es ist relativ unwahrscheinlich, ihn in Gärten anzutreffen.
Lehmboden	Krümelig, liegt zwischen Ton und Sand. Der beste Boden, den man im Garten haben kann.
Kalkboden	Alkalisch und gut durchlässig. Benötigt extra Wasser und zusätzliche Nährstoffe.
Torfboden	Dunkel, schwammartig und reich an organischen Stoffen – fruchtbar, aber meist sauer.

Der pH-Wert des Bodens

Böden sind entweder sauer, neutral oder alkalisch, abhängig von der Menge an Kalk im Boden, die mit Hilfe der pH-Wert-Skala gemessen wird. Diese reicht von 1 bis 14. Ein pH-Wert von 7 ist neutral, 1–7 ist sauer und 7–14 ist alkalisch. Als Richtwert kann gelten, dass Gemüse am besten in leicht sauren Böden mit einem pH-Wert von 6,5 gedeiht. Manche Gemüsearten haben jedoch speziellere Bedürfnisse.

Ein saurer Boden enthält zu wenig Kalk, eine alkalischer zu viel. Wenn im Boden zu wenig Kalk enthalten ist, werden die Nährstoffe ausgewaschen. Ist zu viel Kalk enthalten, werden die Nährstoffe im Boden festgehalten und können von den Pflanzen nicht aufgenommen werden.

Es ist sinnvoll, den pH-Wert des eigenen Bodens zu messen. In guten Gartengeschäften können Sie Bodentestsets kaufen. Damit erhalten Sie schnell einen Hinweis darauf, wie sauer oder alkalisch Ihr Boden ist, so dass Sie die notwendigen Anpassungen vornehmen können (siehe unten). Wenn Ihr Boden sauer ist, können Sie Kalk darauf verteilen und unter die Erde mischen, um den pH-Wert anzuheben.

So bestimmen Sie den pH-Wert Ihres Bodens

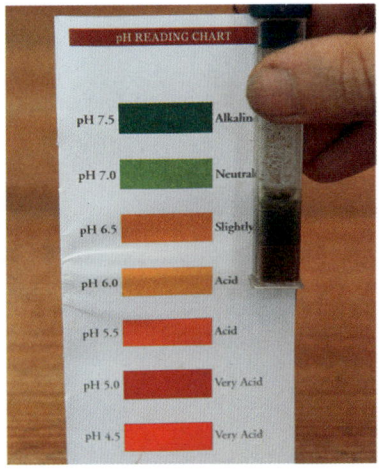

1 Entfernen Sie die obersten 5 cm des Bodens. Graben Sie die darunter liegende Erde ca. 12 cm tief auf. Geben Sie von dieser tiefer liegenden Erdschicht etwas in einen Topf, entfernen Sie alle Zweige, Steine und eventuelle Tiere und lassen Sie die Erde auf natürliche Weise trocken.

2 Füllen Sie das Teströhrchen bis zur 1-ml-Marke mit der trockenen Erde auf. Fügen Sie ein Löffelchen des Bariumsulfats hinzu. Füllen Sie das Röhrchen bis zur 2,5-ml-Marke mit der Testlösung auf.

3 Setzen Sie den Deckel auf und schütteln Sie das Röhrchen. Lassen Sie den Inhalt sich 10 Minuten lang setzen. Halten Sie das Röhrchen an die Tafel mit der Farbskala, um den pH-Wert Ihres Bodens zu bestimmen.

Zu Beginn

So verbessern Sie Ihren Boden

Behandeln Sie den Boden als lebende Materie. Wenn Sie vor dem Pflanzen ein wenig zusätzliche Mühe in die Bearbeitung des Bodens stecken, dann ersparen Sie sich für die Zukunft viel Zeit und Arbeit.

Graben Sie Ihr Gemüsebeet um, um verfestigte Erde aufzulockern, und entfernen Sie Steine und Unkräuter. Treten Sie nicht auf die Erde, wenn sie zu nass ist, weil sie sich dadurch verfestigt und die Bodenstruktur beschädigt wird.

Kompost und andere Ergänzungsmittel können jeder Bodenart hinzugefügt werden. Das fördert außerdem das Wachstum Ihres Gemüses, verbessert den Geschmack und steigert den Ertrag. Das Langzeitziel von bodenverbessernden Maßnahmen ist es, eine Humusschicht aufzubauen. Dabei handelt es sich um das organische Material, das nach dem Zerfall von Tier- und Pflanzenresten übrig bleibt. Als Faustregel gilt: Fügen Sie einen Eimer voll gut verrottetes organisches Material pro Quadratmeter hinzu. Wenn Ihr Oberboden dünn oder nährstoffarm ist, verdoppeln Sie die Menge. Verteilen Sie das organische Material auf der Erde und vermischen Sie es mit den obersten 15–30 cm, indem Sie es mit einem Spaten untergraben. Da das harte Arbeit sein kann, sollten Sie sich vornehmen, immer nur jeweils kleine Bereiche und diese möglicherweise über mehrere Tage zu bearbeiten. Ihr Beet ist danach ein paar Zentimeter höher als zuvor – im Lauf der Saison wird sich das Niveau wieder senken. Fügen Sie zweimal im Jahr noch mehr organisches Material hinzu.

Auch die Durchlässigkeit des Bodens kann verbessert werden, indem man ihn durch Bearbeitung lockert. Es gibt mehrere, allgemein verbreitete falsche Vorstellungen über die Verbesserung von Tonböden, z. B. dass man sie lockern und verbessern könne, indem man Sand untermischt. In Wirklichkeit wird der Boden dadurch jedoch eher noch fester und zementartig.

LINKS: *Das Umgraben des Gartens nützt nicht nur dem Boden, sondern ist auch ein ausgezeichnetes Training. Vergessen Sie aber nicht, öfter eine Pause einzulegen.*

Welches organische Material ist geeignet?

Kompost Garten- und Küchenabfälle zu sammeln und daraus eigenen Kompost herzustellen, ist die billigste und beste Variante (siehe Seiten 24–27).

Mist Gut verrotteter Pferde- oder Hühnermist ist ausgezeichnet. Wenn Sie selbst keine Hühner halten, sondern sich Hühnermist von einem Hühnerhof besorgen, achten Sie darauf, dass er gut verrottet ist, denn er enthält all die Chemikalien, die den Legehennen verabreicht werden. Ein paar Forscher haben herausgefunden, dass sie, nachdem sie im Herbst auf eine 0,4 ha große Fläche 10 t Hühnermist und 1 t Kalk ausgebracht hatten, im darauffolgenden Sommer bei der Tomatenernte einen um 20 % höheren Ertrag erreichten. Außerdem waren die Früchte größer und wurden früher reif.
Mist sollte immer kompostiert werden, bis er dunkel und krümelig wird. Frischer Mist enthält Ammoniak, das Ihre Pflanzen verbrennen kann.

Rasenschnitt/gehäckselte Blätter In die Erde einarbeiten, damit er sich zersetzt.

Gründüngung Gründüngungspflanzen werden angebaut, um den Boden zu verbessern. Wenn sie im Herbst oder Winter angepflanzt werden, dann verhindern sie, dass Nährstoffe aus dem Boden ausgewaschen werden und unterdrücken Unkräuter. Die Wurzeln halten auch die Struktur locker. Hülsenfrüchte (Erbsen und Bohnen) sind als Gründüngungspflanzen gut geeignet, weil sie schnell verrotten und ihre Rückstände große Mengen an Stickstoff aufweisen. Auch Gräser, z. B. Roggen, wirken sich auf das organische Bodenmaterial günstig aus, weil sie ein hohes Kohlenstoff-Stickstoff-Verhältnis haben und sich langsamer zersetzen. Weitere Gründüngungspflanzen sind Senf, Bockshornklee, Lupine, Alfalfa und Buchweizen.

Gründüngungspflanzen werden direkt ins Beet gesät. Die Pflanzen werden untergegraben, wenn sie üppig belaubt sind, aber noch nicht blühen. Lassen Sie dann mindestens zwei Wochen vergehen, bevor Sie das Beet bepflanzen oder etwas einsäen.

UNTEN: *Wenn Sie Ihre Kräuter- und Gemüsebeete als Hochbeete anlegen, lassen sie sich leichter bearbeiten.*

Zu Beginn

KOMPOSTIEREN
Legen Sie etwas zurück

Fürs Kompostieren gibt es einen sehr guten Grund: Jeder Haushalt produziert Abfall, der sich in eine vollkommen kostenlose und erneuerbare Nährstoffquelle umwandeln lässt, mit der man den Boden verbessern und das Pflanzenwachstum ankurbeln kann. Es ist eine energieeffiziente Methode, Ihre Grünabfälle aufzubrauchen, und eine exzellente Möglichkeit der Wiederverwertung.

So funktioniert es

Kompost ist das Endprodukt des Zerfalls von organischem Material. Er ist eine Mischung aus Küchenabfällen, wie Schalen und rohes pflanzliches Material, Gartenabfällen, Mist, Blättern, Grasschnitt, Karton und Stroh. Auf natürliche Art zersetzt er sich und ergibt – sachgerecht behandelt – eine nährstoffreiche organische Substanz, die für Ihren Garten perfekt geeignet ist. In einem gesunden Komposthaufen finden sich feine Schimmelpilze, Bakterien, Pilze, Regenwürmer, Milben und Käfer – keine Gartenschädlinge.

Legen Sie einfach einen Haufen in einer Ecke Ihres Gartens an oder sammeln Sie die Zutaten in einem hölzernen Behälter (siehe Seiten 26–27) oder in einem gekauften Plastikbehälter. Kompostbehälter sind einfach und günstig. Kompostieren wird oft von den Gemeinden bezuschusst, um alle Haushalte zum Kompostieren zu ermutigen und Mülldeponien zu reduzieren. Beim Kompostieren muss feuchtes und trockenes Material abwechselnd aufgeschichtet werden. Feuchtes Material enthält viel Stickstoff und wenig Kohlenstoff und hilft dabei, trockenes Material zu zersetzen, das wenig Stickstoff und viel Kohlenstoff enthält.

RECHTS: Selbst gebaute Kompostbehälter aus Holz sehen attraktiv aus und halten den Komposthaufen zusammen.

Ihr eigener Kompost

Suchen Sie eine ebene Stelle in Ihrem Garten und stellen Sie den Kompostbehälter direkt auf die Erde, damit Flüssigkeit einfach ablaufen kann. Es ist auch wichtig, dass Würmer aus dem Boden in den Kompost gelangen können.

Grasschnitt ist eine gebräuchliche Zutat für den Komposthaufen. Je nachdem, wie groß Ihr Rasen ist, ist es sinnvoll, den Grasschnitt auf einem separaten Haufen zu sammeln, um ihn dem Kompost bei Bedarf in Schichten hinzuzufügen.

Erfolgsrezept

Beim Kompostieren ist es wie beim Kochen: Das Geheimnis des Erfolges liegt in der richtigen Zusammensetzung. Für sie müssen Sie zunächst die Zutaten Ihres Komposthaufens in zwei Kategorien einteilen:

GRÜNABFÄLLE Sie verrotten sehr schnell und geben dabei Feuchtigkeit und Stickstoff ab. Dazu gehören Obstabfälle, Teebeutel, ungekochte Gemüseabfälle, Pflanzen- und Grasschnitt sowie Nesseln.

„**BRAUNE**" Abfälle Sie verrotten langsamer und sorgen dafür, dass sich in der Mischung Lufttaschen bilden können. Dazu gehören Karton, welkes Laub, Eierkartons, Eierschalen und zerknülltes Papier.

WEGLASSEN Manches sollte niemals auf dem Komposthaufen landen, wie z. B. Fleisch, Milchprodukte, gekochtes Gemüse, kranke Pflanzen, Kleintierstreu oder Windeln. Dadurch könnten unliebsame Schädlinge wie Ratten angezogen und unangenehme Gerüche verursacht werden.

Es gibt auch einige Unkräuter, die Sie nicht zum Kompost geben sollten, z. B. Disteln, Löwenzahn und alle Unkräuter mit Samenständen.

Werfen Sie keine Plastikflaschen, Metallgegenstände, Konservendosen oder Glas auf den Kompost. Diese Dinge gehören alle in die entsprechenden Recyclingbehälter.

Die Schichten der grünen und „braunen" Abfälle sollten absolut gleichmäßig sein. Wenn der Komposthaufen nass aussieht, legen Sie mehr „braune" Abfälle darauf, ist er zu trocken, fügen Sie mehr Grünabfälle hinzu. Es empfiehlt sich, den Feuchtigkeitsgrad im Auge zu behalten und ihn mit einer Gießkanne zu wässern, wenn er zu trocken wird.

Belüften und reifen lassen

Es ist wichtig, dass sich im Komposthaufen viel Sauerstoff befindet. Versuchen Sie es mit zerknülltem Karton oder belüften Sie den Komposthaufen mit einer Grabegabel oder einem speziellen Belüftungsgerät, um tiefe Lufttaschen zu erhalten. Das beste Ergebnis erzielt man jedoch, wenn man den Komposthaufen umsetzt. Wenn er sich in offenen hölzernen Behältern befindet (siehe gegenüberliegende Seite), füllen Sie ihn von einem Behälter in den nächsten. Wenn Sie einen Kunststoffbehälter verwenden, dann heben Sie diesen einfach vom Kompost ab und füllen ihn anschließend wieder auf. Wiederholen Sie dies innerhalb von sechs Monaten drei- oder viermal. Wenn der Kompostbehälter voll ist, bedecken Sie ihn mit einer alten dicken Decke, mit Matten oder einem regendichten Deckel. Nach sechs bis neun Monaten ist Ihr Kompost reif für den Garten.

Entnehmen und verwenden

Entnehmen Sie Material von unten und werfen Sie alles Material, das sich noch im Zersetzungsprozess befindet, in einen zweiten Behälter. Der reife Kompost kann dann über Gemüsebeete gestreut oder untergegraben werden. Sie werden erstaunt sein, wie gut Ihre Pflanzen nun gedeihen, und Sie werden höchst zufrieden sein, weil Sie wissen, dass Sie dieses nährstoffreiche Pflanzenfutter aus Ihren Haushaltsabfällen geschaffen haben.

OBEN: Behandeln Sie Ihren Komposthaufen wie ein Kochrezept und fügen Sie mehrere Schichten an Zutaten hinzu.

UNTEN: Wenn man den Platz dazu hat, kann man mehrere Kompostbehälter bauen – das erleichtert das Harken und Umsetzen des Komposthaufens.

Kompostbehälter aus wiederverwendetem Material bauen

Hölzerne Paletten werden oft weggeworfen, dabei lassen sich aus ihnen gute Kompostbehälter bauen. Sie sind oft kostenlos, und alles, was Sie benötigen, sind ein paar grundlegende Heimwerkerartikel und Werkzeuge.

1 Verwenden Sie Holzschrauben oder Bindedraht, um drei aufrecht stehende Holzpaletten so miteinander zu verbinden, dass sie drei Seiten eines Quadrates bilden.

2 Bringen Sie an der Vorderseite des Behälters Schubriegel an und die vierte Palette als abnehmbare Tür vorne, oder benutzen Sie Drehverschlüsse.

3 Wenn Sie genug Platz haben, bauen Sie ein System aus drei Behältern, indem Sie an den einen Behälter zwei zusätzliche anbauen, jeden mit einer eigenen Tür. Insgesamt benötigen Sie dafür zehn Paletten. Fangen Sie in einem Behälter an und setzen Sie den Kompost alle paar Wochen in den nächsten Behälter um.

WURMKOMPOSTER
Eine andere Möglichkeit der Abfallverwertung

Ein Wurmkomposter ist ein Behälter, der Kompostwürmer enthält, die Küchenabfälle fressen und in Flüssigdünger verwandeln. Normalerweise besitzt ein Wurmkomposter einen Hahn, über den man Flüssigkeit entnehmen kann, oder Schichten, die man einzeln entnehmen kann. Wurmkomposter kann man kaufen, lassen sich aber auch leicht selbst bauen.

Kompostwürmer

Anders als Regenwürmer, die tiefer im Boden graben, lebt und frisst diese besondere Art in der Nähe der Erdoberfläche. Kompostwürmer sollten mit Küchenabfällen gefüttert werden. Sie fressen alles, was sich zersetzt, und können täglich die Hälfte oder sogar ihr ganzes Eigengewicht an Abfall verzehren. Sie sind sehr fruchtbar und passen ihre Population an den Platz oder die Menge an Nahrung, die zur Verfügung steht, an. So sorgen sie selbst kontinuierlich für reichlich Nachkommen. Sie können die Würmer in einem reifen Komposthaufen sammeln oder kaufen.

Regeln für den Wurmkomposter

JA

- ✔ Füttern Sie Gemüse, Zwiebeln, Zitrusfrüchte, Obst und Obstschalen, Kaffeebohnen und Teebeutel, Getreideflocken, Brot, Reis, Nudeln, zerkleinerte Eierschalen, Blumen, Kuchen, Kekse, Zucker, Käse (wenig), Fleisch und Fisch, Karton, Papier, Tier- oder Menschenhaar, Staubsaugerbeutelinhalt, Haustierkot (nur von vegetarisch ernährten Tieren), Blätter.
- ✔ Stellen Sie den Wurmkomposter an einen geschützten Ort. Im Winter steht er am besten geschützt in einer Hütte oder umwickeln Sie ihn mit einem Teppich oder mit Luftpolsterfolie. Er sollte nicht direkter Sonneneinstrahlung im Sommer oder starken Winden ausgesetzt werden.

NEIN

- ✘ Als Futter ungeeignet sind Knoblauch, scharfes Essen, Milchprodukte, Salz, Öl, Grasschnitt, Knochen, Eier, Unkraut, Insektizide, Farbe, nicht biologisch abbaubares Material, Lösungsmittel, Seife, Kosmetika, Reinigungsmittel, Hühnermist, giftige Pflanzen, kranke Pflanzen.
- ✘ Geben Sie ihnen keine zu großen Mengen an Fleisch oder Fisch.
- ✘ Überfüttern Sie die Würmer nicht, sonst sterben sie. Geben Sie also keine neuen Abfälle in den Komposter, bevor die vorigen zersetzt wurden.
- ✘ Setzen Sie die Würmer weder zu großer Hitze noch zu großer Kälte aus. Unter 10 °C stellen die Würmer ihre Aktivität ein.

Ihr eigener Wurmkomposter

1. Bohren Sie in die Seitenwand einer Plastiktonne mehrere Abflusslöcher, und zwar in 5 cm Höhe von unten und in einem Abstand von 25 cm. Bohren Sie in einem 5 cm großen Abstand vom oberen Rand einen Kreis von Luftlöchern.

2. Füllen Sie die Tonne mit einer 8–10 cm hohen Schicht aus Kies oder grobem Sand. Legen Sie eine Scheibe aus Holz oder Kunststoff ein, in die Sie zuvor Abflusslöcher gebohrt haben.

3. Fügen Sie eine 7–8 cm hohe Schicht aus angefeuchtetem Streumaterial ein – reifer Kompost oder gut verrotteter Mist sind gut geeignet. Legen Sie mindestens 100 Kompostwürmer in die Streu.

4. Geben Sie 1 l zerkleinerte Küchenabfälle auf eine Seite der Tonne und bedecken Sie sie mit nassem Zeitungspapier.

5. Verschließen Sie die Tonne mit dem Deckel und lassen Sie die Würmer mindestens 2–3 Wochen lang ungestört. Füllen Sie neue Küchenabfälle ein, wenn die vorige Zugabe kompostiert ist.

6. Halten Sie die Tonne mit einem Deckel verschlossen, um Fruchtfliegenbefall zu vermeiden. Die Würmer benötigen zwei bis drei Monate, um die Lebensmittel zu zersetzen und in Flüssigkeit umzuwandeln, die Sie dann entnehmen können.

Problembeseitigung in der Wurmfarm

Ist der Kompost matschig und nass, deutet das darauf hin, dass Sie die Würmer überfüttern. Rühren Sie die Speisereste um, weil das für Sauerstoff sorgt, und fügen Sie etwas Karton oder Papier hinzu.

Wenn der Kompost zu trocken aussieht, gießen Sie Wasser dazu und mischen Sie ein paar Grünabfälle unter.

Wenn die Würmer in den ersten Tagen nach der Anlage der Wurmfarm versuchen zu entkommen, bedeutet das, dass sie sich noch nicht an ihre neue Umgebung gewöhnt haben. Fügen Sie etwas Gartenerde hinzu. Die ist voller kleiner Lebewesen und Organismen und wird Ihren Würmern helfen, sich zu akklimatisieren. Wenn sie sich eingewöhnt haben, werden sie dort bleiben, wo es etwas zu fressen gibt.

ANBAU IN HOCHBEETEN
Eingefasst und gut gepflegt

Am besten pflanzen Sie Ihr Gemüse in einem Hochbeet an, eine durch eine spezielle Konstruktion eingefasste Fläche. In dieser Kiste ohne Boden befindet sich Erde, deren Oberfläche höher liegt als der Gartenboden. Dadurch werden Zugang, Pflege und Organisation erleichtert.

Die Gestaltung

Die Seitenwände des Beetes können aus Holz oder Stein bestehen – ganz nach Ihrem Geschmack. Sie können niedriger gebaut sein oder höher, um die Gartenarbeit zu erleichtern. Allerdings benötigt man für höhere Beete mehr Erde. Die Beete sollten nicht breiter als 1,2 m sein, damit Sie von beiden Seiten bis zur Mitte des Beetes reichen können. Eine Länge von 3 m ist optimal.

OBEN: *Pflanzen Sie Ihre Kräuter in die Nähe des Hauses. So kommen Sie in den Genuss des köstlichen Duftes.*

Wenn Sie ein Hochbeet planen, achten Sie darauf, dass Sie die Wege breit genug für eine Schubkarre anlegen. Sorgen Sie auch für einen geeigneten Abfluss, damit die Wege im Winter nicht überschwemmt werden.

Pro und contra Hochbeete

Pro
- ✔ Alle Pflanzen sind an einer Stelle konzentriert und leichter von Unkraut frei zu halten.
- ✔ Einfacher Zugang über die Wege zwischen den Beeten.
- ✔ Fruchtwechsel ist leichter durchzuführen (siehe Seite 16).
- ✔ Die Erde erwärmt sich schnell und lässt Wasser gut ablaufen.
- ✔ Es ist leicht, den Boden in einer eingegrenzten Fläche zu pflegen.
- ✔ Die Beete können mit der geeigneten Erde gefüllt werden.
- ✔ Das Gemüse wird in kurzen Reihen angebaut, so dass seltener ein Überangebot produziert wird.
- ✔ Hauben, Vliese, Netze und Rankhilfen lassen sich leichter einsetzen.
- ✔ Für die Seitenwände kann Altmaterial verwendet werden.
- ✔ Sie können große oder kleine Flächen umfassen.

Contra
- ✘ Die eventuell anfallenden Kosten am Anfang für den Bau und die Aufstellung.
- ✘ Sie trocknen schneller aus.
- ✘ Die Anlage ist dauerhaft.

Ein Hochbeet aus Holz bauen

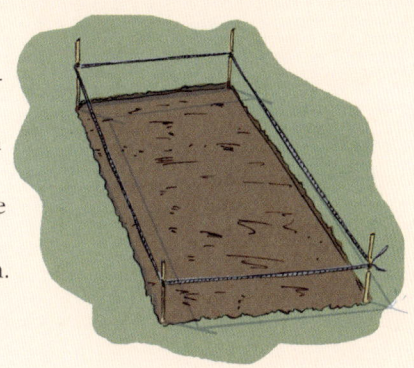

1. Markieren Sie die Fläche, auf der Sie Ihre Hochbeete anlegen wollen, und schneiden Sie die Bretter zurecht. Es empfiehlt sich, beim Ausmessen der Flächen Stöcke oder ausgestreutes Mehl zu Hilfe zu nehmen. Räumen Sie die Stelle frei, die Sie für Ihre Hochbeete vorgesehen haben, und entfernen Sie jegliches Unkraut und bestehende Pflanzen.

2. Sie benötigen vier Pfosten mit quadratischer Grundfläche (10 × 10 cm), für jede Ecke einen. Die Länge hängt davon ab, wie hoch Ihr Beet werden soll. Zusätzlich müssen 15 cm für die Verankerung im Boden einberechnet werden.

3. Befestigen Sie die Bretter mit verzinkten Schrauben an den Pfosten.

4. Schlagen Sie die Eckpfosten in den Boden. Graben Sie die Erde innerhalb der Beeteinfassung um, bevor Sie das Beet zu mindestens einem Drittel mit gut verrottetem Kompost füllen. Füllen Sie das Beet mit Erde aus anderen Teilen Ihres Gartens auf.

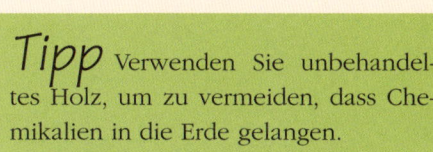

Tipp Verwenden Sie unbehandeltes Holz, um zu vermeiden, dass Chemikalien in die Erde gelangen.

Zu Beginn

AUSRÜSTUNG
Gut ausgestattet ans Werk

Ich bin mir sicher, dass die ersten Gegenstände, die der Mensch besaß, Werkzeuge zur Bodenbearbeitung waren. Werkzeuge werden in Ihrem Bauerngarten Ihre ständigen Begleiter sein, also sollten Sie sie kennen und lieben lernen. Auch im kleinsten Garten ist eine Hütte sehr wichtig, in der Sie Geräte und Ausrüstung sicher und trocken aufbewahren können.

Gartenhäuser

Wenn Sie sich Ihrem Bauerngarten voll und ganz widmen wollen, muss Ihr Gartenhäuschen größer sein als die meisten anderen und in verschiedene Bereiche geteilt. Tierfutter sollte, wenn möglich, in verzinkten Stahlbehältern gelagert werden, um Ratten und andere Schädlinge fernzuhalten. Vielleicht brauchen Sie auch mehr als ein Häuschen: eines für Gartengeräte und eines für die Ausrüstung zur Tierhaltung.

Das Häuschen sollte wasserdicht und sicher sein. Nützen Sie den Platz klug aus. Haken, an denen Sie Gartengeräte aufhängen können, und ein Regalsystem zur Aufbewahrung helfen Ihnen dabei, wertvolle Zeit zu sparen, wenn das Letzte, was Sie im Winter tun wollen, ist, eine halbe Stunde lang nach Ihrer Grabegabel zu suchen. Sorgen Sie dafür, dass Ihr Gerätehaus über einen Stromanschluss verfügt und leicht zugänglich ist. Ein Gartenhaus ist auch ein Zufluchtsort für den Gärtner. Halten Sie Ihres also ordentlich und richten Sie einen Sitzplatz für wohlverdiente Pausen ein.

GEGENÜBER: *Sie brauchen kein Vermögen für neue Geräte auszugeben – gut erhaltene Geräte aus zweiter Hand erfüllen ihren Zweck genauso gut.*

Geräte

Es gibt nur ein paar wichtige Geräte, die Sie brauchen, um Ihren Küchengarten erfolgreich anzulegen und zu pflegen, aber für welche Sie sich auch entscheiden: Achten Sie darauf, dass sie die beste Qualität besitzen, die Sie sich leisten können. Manche hochwertigen Geräte gibt es mit austauschbaren Griffen und Aufsätzen, was Kosten spart. Kaufen Sie bei Händlern, die bei Problemen oder Schäden Gewähr leisten und eine Zufriedenheitsgarantie bieten. Das ist besonders wichtig, wenn Sie im Internet kaufen, weil Sie dabei nicht in der Lage sind, die Gegenstände in die Hand zu nehmen und ihr Gewicht und ihre Qualität zu beurteilen.

Auch auf Märkten kann man hochwertige gebrauchte Geräte kaufen. Gärtner gehen normalerweise sehr sorgfältig mit ihren Geräten um – es lohnt sich also, nach guten Fundstücken zu suchen.

Beginnen Sie mit der Grundausstattung und bauen Sie Ihre Sammlung mit der Zeit aus. Es ist besser, mit ein paar grundlegenden, hochwertigen Geräten anzufangen als mit vielen billigen Werkzeugen, die ihren Zweck nicht erfüllen oder Ihnen die Arbeit sogar erschweren.

Grundausstattung

Spaten Wird zum Umgraben und Lockern des Bodens und zum Zerteilen verwendet. Wenn Sie Ihren Spaten regelmäßig reinigen und schärfen, hält er Ihnen ein Leben lang.

Grabegabel Um die Erde zu lockern und Kompost oder Mist einzuarbeiten. Für das Ausgraben von Kartoffeln ist sie unerlässlich.

Pflanzkelle Beim Gemüseanbau scheint man die meiste Zeit auf den Knien mit einer Pflanzkelle in der Hand zu verbringen. Ein schmales Blatt eignet sich gut zum Graben tieferer Löcher beim Einpflanzen, während Schaufeln mit breiterem Blatt zum Bewegen von Erde besser geeignet sind. Pflanzkellen mit Stahlblatt halten länger.

Hacke Wird zum Unkrautjäten und oberflächlichen Lockern des Bodens verwendet. Eine Ziehhacke wird verwendet, indem man das Blatt knapp unter der Oberfläche durch die Erde zieht, wobei man am besten rückwärts geht, um keine Fußabdrücke zu hinterlassen. Mit einer Schlaghacke kann man schnell Unkraut loswerden. Sie dringt tiefer in die Erde ein und entfernt hartnäckigere Kräuter.

Gießkanne Sie sollte so groß wie möglich sein, aber Sie sollten sie tragen können. Verzinkte Kannen halten länger, sind aber schwerer. Ich bewahre meine Sämlinge auf relativ hohen Simsen auf und muss deshalb meine Gießkanne hochheben, um sie zu erreichen. Deshalb ist eine leichtere Kunststoffgießkanne für mich die richtige Wahl. Es empfiehlt sich, eine Kanne mit verschiedenen Brausen zu wählen.

Gartenschere Eine gute, scharfe Gartenschere sollte Sie im Garten überallhin begleiten. Man verwendet sie dazu, Pflanzen zu beschneiden, verwelkte Blüten zu entfernen und Kräuter und Gemüse zu ernten.

Links: *Suchen Sie nach gebrauchten Geräten. Wenn sie gut erhalten sind, funktionieren sie genauso gut wie neue.*

Gartenmesser Eignet sich ausgezeichnet für die verschiedensten Tätigkeiten im Bauerngarten: vom Öffnen des Hühnerfuttersackes bis zum Ernten von Obst und Gemüse. Ein echtes Muss in der Hosentasche jedes Gärtners – ganz egal, wie groß oder klein Ihr Garten ist.

Pflanzholz Es gibt spezielle Pflanzhölzer zu kaufen, man kann sie aber auch ganz leicht aus alten Holzgriffen herstellen. Vor allem kleinere Exemplare erweisen sich beim Säen und Verpflanzen von Sämlingen als besonders nützlich.

> *Tipp* Zum Auspflanzen meiner Sämlinge verwende ich den abgebrochenen hinteren Teil einer Stricknadel als Pflanzholz. Strick- oder Häkelnadeln eignen sich hervorragend für diesen Zweck, weil es sie in vielen verschieden Stärken gibt.

Rechen Ein großer Stahlrechen ist ideal, um ihn auf Saatbeeten zu verwenden und um Samen mit Erde zu bedecken.

Pflanzschnur Wird in Gemüsebeeten dafür verwendet, gerade Linien zu ziehen. Es gibt speziell für diesen Zweck hergestellte Pflanzschnüre, die sich auf einer Spule drehen und leicht zu verwenden sind. Als Alternative können Sie auch ein Stück Schnur nehmen, das Sie an einem Stock befestigt haben.

Eimer und Körbe Es ist toll, wenn man im Garten eine Sammlung von Garteneimern aus Plastik in den verschiedensten Farben hat. Ob nun zum Sammeln von Unkraut oder zum Transportieren von Erde oder Pflanzen – sie sind ganz allgemein nützliche Behälter. Verwenden Sie Körbe, um Ihr geerntetes Gemüse zu sammeln und in die Küche zu bringen. Dieser hübsche Anblick wird Sie besonders stolz auf Ihre eigenen Erzeugnisse machen.

Schubkarre Ihre Schubkarre muss stark genug sein, um Erde, Kompost, Mist und Hühnermist zu tragen. Es gibt heutzutage starke und doch leichtgewichtige Schubkarren aus Kunststoff oder Stahl.

Gartenhandschuhe Wenn Sie viel im Garten arbeiten, bekommen Sie wunde Hände, wenn Sie nicht auf sie achten. Handschuhe sind wichtig, um Ihre Hände vor spitzen Ästen und stacheligen Unkräutern zu schützen. Auch bei schweren Arbeiten, vor allem bei kaltem Wetter, sollten Sie Handschuhe tragen.

Kniepolster Die meiste Zeit im Garten werden Sie kniend verbringen, und dabei können Sie leicht wunde oder feuchte Knie bekommen. Kaufen Sie eine wasserfeste Unterlage, die robust ist. Es gibt viele verschiedene Modelle zu kaufen, von einfachen Matten bis zu Bänken, die beim Aufstehen und Niederknien helfen.

Das A und O der Werkzeugpflege

Wenn Sie sich um Ihr Werkzeug kümmern, dann kümmert Ihr Werkzeug sich um Sie.

Reinigen Sie Ihr Werkzeug regelmäßig. Entfernen Sie alle Erde, die an Klingen und Griffen haftet, weil sie über längere Zeit hart wird.

Entfernen Sie jeglichen Rost von Klingen.

Schleifen Sie Holzgriffe mit feinem Sandpapier ab und reiben Sie sie mit Leinöl ein.

Sammeln Sie am Ende jeden Tages alle Werkzeuge und Geräte ein und bewahren Sie sie an einem trockenen Ort auf.

Schließen Sie Ihre Werkzeuge in ein Gartenhaus ein: Sie sind wertvoll und werden gerne gestohlen.

Erweisen Sie Ihren Geräten am Ende der Saison einen Dienst, indem Sie sie reinigen und schärfen.

Zu Beginn

KAPITEL 2

Aussaat und Anbau

Als ich mit dem Gärtnern anfing, ging ich oft in einen Gartenfachmarkt, um Samen zu kaufen, ging aber unverrichteter Dinge wieder nach Hause, weil ich von der Menge an Varianten jeder Pflanze überwältigt war. Suchen Sie in Katalogen oder Gartencentern mit Genuss nach Samen oder kleinen Pflanzen und lassen Sie sich von dem Angebot an vielen verschiedenen Sorten nicht entmutigen – suchen Sie sich einfach aus, was Ihnen gefällt, und wagen Sie den Sprung.

Samen zu säen und sich um Sämlinge zu kümmern, ist eine erfüllende Erfahrung. Diese Tätigkeiten rufen mütterliche Instinkte in Ihnen wach: Sie werden ständig nachsehen, ob die Samen schon gekeimt haben, und Sie werden Ihre freudige Erregung kaum zurückhalten können, wenn Sie sie durch die Erde stoßen sehen.

In diesem Kapitel erfahren Sie, wie man Samen sät, junge Sämlinge pflegt, wann und wie man gießt, um die besten Ergebnisse zu erzielen, und sogar, wie man mit Hilfe von Nesseln seinen eigenen natürlichen Dünger herstellen kann.

Lassen Sie sich von Krankheiten und Schädlingen nicht unterkriegen – in Wirklichkeit sind nicht alle schlimm. Sobald Sie sie erkennen, können Sie eingreifen, und wenn Ihre Pflanzen sich gut fühlen und gesund sind, verfügen sie über ihre eigenen Verteidigungsmöglichkeiten.

Sie werden zu Ihren Pflanzen eine Beziehung aufbauen. Auf den folgenden Seiten finden Sie heraus, wie Sie der Natur am besten auf die Sprünge helfen können.

GESCHÜTZTER ANBAU
Eine gedeihliche Umgebung

Geschützter Anbau bedeutet, dass Sie unabhängig vom Wetter gartnern können, entweder auf Ihrer Küchenfensterbank, in einem Gewächshaus, unter einem Folientunnel, in einem Frühbeet oder unter einer Haube. Dadurch haben Sie die Möglichkeit, Ihr Gemüse früher auszusäen oder ungewöhnliche Pflanzen anzubauen, die sonst bei unserem Klima nicht gedeihen würden.

Küchenfensterbänke

Diese haben für die Anzucht den großen Vorteil, dass Sie sehen können, wie Ihre Keimlinge wachsen, bis sie groß genug sind. Dann können sie in ein Gewächshaus oder Frühbeet umgesetzt werden, bevor man sie in den Garten pflanzt.

OBEN: *Ein Fensterbrett ist die perfekte Umgebung für junge Sämlinge, und man kommt in den Genuss des Duftes von frischem Basilikum.*

Richtlinien fürs Gewächshaus

Größe Bemessen Sie die Größe des Gewächshauses anhand Ihrer Bedürfnisse und des zur Verfügung stehenden Platzes. Bedenken Sie dabei, dass es an einer sonnigen, ebenen Stelle stehen muss.

Selbst das kleinste Gewächshaus ist ein Gewinn für Ihren Garten, aber eine sinnvolle Größe ist 2,4 m auf 1,8 m. Sorgen Sie dafür, dass die Tür gut schließt. Schiebetüren machen es leichter, die Belüftung zu regulieren, und nehmen weniger Platz ein. Achten Sie darauf, dass Ihnen die Höhe ausreichend Kopffreiheit lässt. Gewächshäuser haben normalerweise geneigte Dächer, sind also in der Mitte höher.

Standort Es sollte die größtmögliche Menge an Wintersonne erhalten. Wenn Sie es im Winter aufstellen und die Bäume kahl sind, bedenken Sie, dass sie im Sommer belaubt sind und Schatten werfen.

Wenn möglich, sollte das Gewächshaus so aufgestellt werden, dass eine Längsseite nach Süden gerichtet ist. Der Winkel des Daches ist nämlich so konstruiert, dass im Winter die größtmögliche Menge an Sonnenstrahlen eingefangen wird mit einem möglichst geringen Verlust durch Reflektion. Wenn Ihr Gewächshaus im Sommer Schatten benötigt, müssen Sie nur eine Seite beschatten.

Platzbedarf Planen Sie das Gewächshaus gut und sorgen Sie dafür, dass auf dem Boden ausreichend Platz für einen Weg ist.

Sie brauchen Platz, um sich bequem darin bewegen zu können und Pflanzen umzutopfen. Es gibt Pflanzbänke zu kaufen, die sich zusammenklappen

38   Aussaat und Anbau

lassen, wenn man sie nicht braucht. Sie verfügen oft über Schlitze, durch die verschüttete Erde in eine Sammelschale fallen kann. Halterungen und Haken sind nützlich, um Blumenampeln, Werkzeuge und Geräte aufzuhängen. Dadurch wird der Platz maximiert.

Temperatur Platzieren Sie in der Mitte Ihres Gewächshauses ein Thermometer im Schatten. Lesen Sie zu verschiedenen Tageszeiten bei sonnigem und kühlerem Wetter die Temperatur ab, vergleichen Sie sie mit der Temperatur, die Ihre Pflanzen benötigen, und gleichen Sie, wenn nötig, durch Belüftung aus. Ihre Aufzeichnungen bezüglich der Temperatur können Sie dazu verwenden herauszufinden, welche Pflanzen Sie anbauen können und wann.

Viele Gewächshäuser sind mit Lüftungsklappen ausgestattet, die sich automatisch öffnen, wenn im Gewächshaus eine bestimmte Temperatur erreicht wird. Das ist eine nützliche Funktion und vermeidet die Sorge, ob die Pflanzen genügend Luft bekommen. In einem Gewächshaus trocknen Pflanzen recht schnell aus. Gießen Sie lieber morgens als abends.

Belüftung Stellen Sie Ihre Pflanzen in gleichmäßigen Abständen auf, damit sich auch die Luft gleichmäßig verteilt. Gewächshäuser neigen dazu, bei warmem Wetter zu überhitzen, und brauchen bei der Belüftung so viel Unterstützung wie möglich. Wählen Sie ein Belüftungssystem, das dem Standort, der Größe und dem Stil Ihres Gewächshauses entspricht.

Öffnen Sie je nach Witterung morgens die Türen und lassen Sie sie bis zum späten Nachmittag geöffnet. Dadurch sind die Pflanzen nachts vor Frost geschützt, aber tagsüber bleibt das Gewächshaus kühl. Wässern Sie, wenn es sehr heiß ist, den Weg im Gewächshaus, um die ganze Einheit möglichst schnell abzukühlen.

Erde Sie können handelsübliche Pflanzenerde im Gewächshaus verwenden. Sie sollten nach Möglichkeit Erde wählen, die speziell für die Kultur in Töpfen und für Sämlinge produziert wurde.

Pflege Zu Beginn der Saison sollte das Gewächshaus mit einem umweltfreundlichen Desinfektionsmittel gereinigt und desinfiziert werden. Währenddessen sollten Sie die Wände und Ecken des Gewächshauses mit dem Schlauch abspritzen, um Spinnmilben und der Weißen Fliege vorzubeugen.

Halten Sie Ihr Gewächshaus in Ordnung, indem Sie jedes Mal sofort aufräumen. Entfernen Sie jegliche Pflanzenteile, die Sie von Tomaten oder anderen Pflanzen abgeschnitten haben. An besonders heißen oder trockenen Tagen benötigen Ihre Pflanzen vielleicht etwas Schatten. Decken Sie die Sonnenseite des Gewächshauses mit etwas Stoff oder mit Schirmen ab.

Im Winter kann man das Gewächshaus isolieren, indem man Luftpolsterfolie an den Seitenwänden anbringt.

UNTEN: *Platzieren Sie Ihr Gewächshaus an einer günstigen, sonnigen Stelle nahe des Wasseranschlusses und lassen Sie im Inneren genügend Platz, damit Sie sich bequem darin bewegen können.*

Praktische Folientunnel

Folientunnel sind eine Art Gewächshaus und in vielen Größen erhältlich. Da sie aus Plastikfolie bestehen, die von Stahlbögen gestützt wird, sind sie schnell und einfach aufzubauen und halten ungefähr fünf Jahre lang. Der Abstand zwischen den Bögen sollte nicht mehr als 75 cm betragen, damit die Folie nicht auf die Pflanzen herunterhängt und sie beschädigt.

Ein großer Vorteil ist der Preis. Für die gleiche Summe können Sie einen Folientunnel kaufen, der vier- bis fünfmal größer ist als ein kleines, hochwertiges Gewächshaus. Folientunnel sind zwar nicht so dauerhaft wie Gewächshäuser, haben aber den Vorteil, dass man sie im Garten relativ leicht versetzen kann. Dadurch vermeidet man, dass sich Krankheiten im Boden ansammeln, weil man dasselbe Gemüse ein paar Jahre lang an derselben Stelle anbaut (siehe Fruchtwechsel, Seite 16).

Früh- und Mistbeete

Ein Frühbeet ist ein effizienter und billiger Ersatz für ein Gewächshaus und kann tragbar sein. Frühbeete sind Kästen mit meist gläsernen Seitenwänden und einem geneigten Deckel, der sich zu Belüftungszwecken öffnen lässt. Ein Frühbeet bietet Pflanzen eine gute Möglichkeit, sich an das Leben draußen zu gewöhnen, bevor sie eingepflanzt werden.

Die Frühbeete sollten in der Nähe des Gewächshauses stehen, damit Sie die Pflanzen nicht weit tragen müssen. Ein anderer möglicher Standort ist in der Nähe der Gemüsebeete, damit die Pflanzen bequem umgesetzt werden können. Die Kästen sollten so ausgerichtet werden, dass der Deckel ein Maximum an Sonnenlicht und Hitze erhält.

> ### Schadensbegrenzung
>
> Schließen Sie bei windigem Wetter die Abdeckung auf der dem Wind zugewandten Seite, damit die kalte Luft nicht durch den Tunnel bläst. Geben Sie Acht, wenn Sie mit spitzen Stöcken oder mit Draht hantieren, damit Sie die Seitenwände nicht durchlöchern. Fragen Sie den Hersteller, ob Sie in der Nähe der Seitenwände einen Hochdruckschlauch verwenden können, sonst laufen Sie Gefahr, ein Loch in die Plastikfolie zu spritzen.

UNTEN LINKS: *Folientunnel sind eine beliebte Alternative zu Gewächshäusern. Sie erfüllen denselben Zweck, sind aber weniger dauerhaft und können im Garten versetzt werden.*

UNTEN: *Frühbeete sind praktische Glaskästen und akklimatisieren junge Pflanzen vor dem Auspflanzen.*

Ein Mistbeet ist dasselbe wie ein Frühbeet, wird aber isoliert – mit Stroh, alten Teppichen, Luftpolsterfolie oder Matten – und über eine Grube oder ein Bett aus frischem Mist gesetzt. Wenn sich der Mist zersetzt, gibt er Wärme in den Kasten ab und produziert ein warmes Mikroklima. Der frische Mist muss so schnell wie möglich eingegraben werden, weil er auskühlt, wenn er nicht bedeckt ist.

Früh- oder Mistbeetkästen gibt es fertig zu kaufen, man kann sie aber auch aus Holz und Plastikfolie selbst bauen.

Hauben und Vliese

Eine Haube ist eine für Gemüsebeete sehr nützliche Vorrichtung. Wenn man sie im Frühjahr auf die Erde stellt, dann heizen die Hauben diese so auf, dass Samen gesät oder Sämlinge gepflanzt werden können. Außerdem schützen sie junge Pflanzen vor Wind und Frost und sind eine ausgezeichnete Möglichkeit, die Sämlinge an das Leben draußen zu gewöhnen, nachdem sie aus dem Gewächshaus nach draußen verpflanzt wurden.

Hauben gibt es in den verschiedensten Größen. Manche sind lang genug, um eine ganze Reihe abzudecken. Es gibt auch glockenförmige Hauben, die über einzelne Pflanzen gestülpt werden können. Am Ende jeder Saison sollten Sie die Hauben mit Wasser und ein wenig Spülmittel reinigen und den Algenbelag entfernen, der sich gebildet hat.

Auf dieselbe Art verwendet werden Vliese. Dabei handelt es sich um ein fein gewobenes, luft- und wasserdurchlässiges Material. Es kann über Drahtbögen drapiert, die in den Boden gesteckt wurden, und mit Klammern befestigt oder mit Ziegelsteinen beschwert werden. Dadurch sind die Pflanzen vor Frost oder Schädlingen geschützt.

RECHTS: Hauben sind sehr nützlich, um junge Pflanzen und Sämlinge zu schützen und ihnen einen Startvorteil zu verschaffen.

UNTEN RECHTS: Glockenförmige Hauben lassen sich ganz einfach über einzelne Pflanzen stülpen.

UNTEN: Ein Vliestunnel schützt vor ungebetenen Schädlingen und lässt die Luft gut zirkulieren.

Aussaat und Anbau

SÄEN UND PFLANZEN
Die Samen des Erfolges

Nun müssen Sie entscheiden, ob Sie die Pflanzen aus Samen ziehen möchten oder ob Sie lieber Setzlinge kaufen. Manche Samen müssen drinnen in Anzuchtschalen oder Töpfen vorgezogen werden, während andere direkt ins Freiland gesät werden können; die Sämlinge werden dann ausgedünnt. Deshalb ist es am besten, sich zunächst mit den Bedürfnissen der einzelnen Pflanzenart vertraut zu machen (siehe Seiten 64–139). Auch der zur Verfügung stehende Platz und die Wachstumsbedingungen, die Sie Ihren Pflanzen bieten können, wollen bedacht sein.

Samen und Setzlinge kaufen
Samen sind leicht erhältlich: von kleinen Bau- oder Supermärkten bis zu Gartencentern und Fachgärtnereien. Saatgutkataloge bieten meist die größte Auswahl an Samen, die per Post oder übers Internet bestellt werden können. Kaufen Sie nach Möglichkeit Bio-Saatgut.

Setzlinge sind junge Sämlinge, die in Gartencentern oder Gärtnereien gekauft oder per Post oder übers Internet bestellt werden können. Pflanzen Sie die Setzlinge möglichst schnell ein, nachdem Sie sie gekauft bzw. erhalten haben, und pflanzen Sie sie genauso ins Freie, wie Sie es mit selbst vorgezogenen Sämlingen tun würden (siehe unten).

Aus Samen ziehen
Samen benötigen zum Keimen Wärme, Feuchtigkeit und Erde. Manche Pflanzen brauchen zum Keimen länger als andere. Es ist immer besser, mehr Samen auszusäen, als man benötigt, weil es sein kann, dass nicht alle Samen aufgehen.

LINKS: *Die Sämlinge sind Ihre Babys – behandeln Sie sie pfleglich.*

Aussaat im Freien

Bevor Sie ins Freiland säen, müssen Sie den Boden lockern und harte Erdklumpen zerkleinern. Der Zeitpunkt der Aussaat hängt vom Wetter ab. Für den Keimvorgang muss die richtige Temperatur herrschen. Falls nötig, wärmen Sie den Boden zuvor auf, indem Sie ihn ein paar Tage lang mit einer Haube oder mit Vlies bedecken.

Wildvögel und Ihre Hühner werden ein Auge darauf haben, wo Sie Samen gesät haben. Schützen Sie die Sämlinge mit einem Zaun oder mit Netzen, bis sie sich akklimatisiert haben.

1 Bereiten Sie das Saatbeet vor, indem Sie die Erde lockern und darüberrechen, um eine glatte Oberfläche mit feiner, krümeliger Erde zu erhalten. Entfernen Sie Steine und Erdklumpen.

2 Sieben Sie die Erde, damit sie besonders fein wird und um alle Steine zu entfernen.

3 Markieren Sie mit einer Setzschnur eine Reihe. Ziehen Sie mit dem oberen Stielende einer Hacke, eines Rechens oder eines Besens eine Furche. Diese sollte tief genug sein, um die Samen hineinzusäen, aber nicht so tief, dass die Samen von zu viel Erde bedeckt sind. Sonst finden die Sämlinge die Oberfläche nicht. Am besten befolgen Sie die für die Pflanze spezifische Pflanzanleitung (siehe Seiten 64–139).

4 Gießen Sie die Furche und platzieren Sie die Samen entsprechend der für die Pflanze spezifischen Pflanzanleitung (siehe Seiten 64–139). Bedecken Sie die Samen vorsichtig mit Hilfe eines Rechens oder einer Hacke mit Erde.

5 Drücken Sie mit der Rückseite des Rechens oder Ihren Händen die Erde behutsam fest, aber nicht so fest, dass die Erde dabei verdichtet wird. Wenn Ihr Boden dazu neigt, sich nach Regen oder dem Gießen zu verdichten, bedecken Sie die Samen lieber mit Blumenerde. Wässern Sie die Reihe mit einer Gießkanne mit feiner Brause.

Aussaat und Anbau

Geschützte Aussaat

Im Gewächshaus, Folientunnel oder Frühbeet können Sie früh Samen aussäen, so dass die Sämlinge ins Freiland gepflanzt werden können, sobald die Erde warm genug ist. Andernfalls können Sie für die Anzucht auch ein Fensterbrett im Haus verwenden. Die Samen können in verschiedene Gefäße gesät werden, wie z.B. kleine Töpfe oder Anzuchtschalen. Wenn Sie Letztere verwenden, säen Sie nicht zu viele Samen in eine Zelle, denn dann machen sich die Sämlinge den Platz für die Wurzeln streitig.

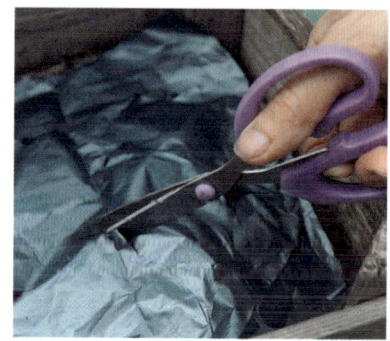

1 Wenn Sie eine Holzkiste verwenden, legen Sie den Boden mit Plastikfolie aus und schneiden Sie Abflusslöcher in die Folie. Wenn Sie eine Saatschale aus Kunststoff verwenden, muss sie vor Gebrauch absolut sauber sein. Füllen Sie die Anzuchtschale mit Erde.

2 Verwenden Sie hochwertige Anzuchterde und zerkleinern Sie jegliche Klumpen. Wenn möglich, sieben Sie die Erde. Füllen Sie so viel Erde in die Saatschale, dass sie überläuft, und klopfen Sie die Schale auf den Untergrund, damit sich die Erde setzt. Streifen Sie überschüssige Erde ab.

3 Drücken Sie die Erde mit den Händen oder einem Drückstempel (einer speziellen Form aus Kunststoff, mit der man Pflanzlöcher stechen kann) fest, bis sich die Oberfläche knapp unterhalb des Randes der Pflanzschale befindet.

4 Öffnen Sie das Samenpäckchen, entnehmen Sie mit Zeigefinger und Daumen ein paar Samen und streuen Sie sie behutsam über die Erde.

5 Bedecken Sie die Samen je nach Anleitung auf dem Samenpäckchen mit einer dünnen Schicht Erde – nicht alle Samen müssen bedeckt werden. Gießen Sie die Saatschale so, dass die Erde feucht ist, aber kein Wasser in der Schale steht.

Beschriften Sie Ihre Anzuchtgefäße mit einem wasserfesten Stift und schreiben Sie Datum und Name der Pflanze darauf. Stellen Sie die Saatschale an einen geeigneten Ort. Unterschiedliche Samen benötigen unterschiedliche Bedingungen, aber normalerweise brauchen sie es warm und sonnig, wie z.B. in einem Gewächshaus oder auf einem Fensterbrett. Halten Sie die Samen feucht.

Sämlinge umpflanzen

Manche Pflanzen können direkt an ihrem endgültigen Standort angebaut werden, besonders solche, die es nicht mögen, wenn ihre Wurzeln gestört werden, wie Wurzelgemüse. Viele Pflanzen profitieren jedoch davon, wenn sie in Töpfen oder Saatschalen vorgezogen und dann verpflanzt werden, vor allem wenn sie von drinnen nach draußen umziehen müssen.

Wenn die Samen gekeimt haben und die Keimlinge durch die Erde gestoßen sind, sollten sie groß genug sein, bevor Sie sie umpflanzen. Bei den meisten Sämlingen müssen Sie den letzten Frost abwarten, bevor Sie sie nach draußen setzen. Sie sollten sie aber nicht so lange warten, dass die Blätter gelb oder zu groß werden. Vor dem Umpflanzen sollten die Sämlinge gegossen werden, damit der Schock nicht zu groß ist.

Wählen Sie für das Umpflanzen einen trüben Tag, an dem die Erde feucht ist. Stellen Sie die Pflanzen zu Abhärtung ein paar Tage in ihren Töpfen oder Anzuchtschalen ins Freie, damit sie sich an ihre neue Umgebung gewöhnen können. Lockern Sie die Stelle, an der Sie die Pflanzen einsetzen wollen, mit der Grabegabel und entfernen Sie alles Unkraut. Harken Sie etwas Reifekompost unter oder bringen Sie einen Basisdünger aus.

Richtig umpflanzen

Warten Sie, bis Ihre Sämlinge kräftig genug sind, um verpflanzt zu werden. Als Faustregel gilt zu warten, bis zwei oder drei Blättchen gewachsen sind, aber einige Pflanzen benötigen mehr Zeit.

1 Hebeln Sie den Sämling behutsam aus der Erde und fassen Sie ihn dabei möglichst wenig an, indem Sie die Erde mit einem Pikierstab, der Spitze eines Bleistiftes, einer Stricknadel oder einem anderen kleinen, stockartigen Gegenstand lockern. Versuchen Sie, den Sämling an den Blättern hochzuheben, und vermeiden Sie es, die Wurzeln zu berühren. Wenn Sie aus Töpfen umpflanzen, klopfen Sie an die Seitenwände und kippen Sie den Topf behutsam um, damit der Sämling auf die Erde fällt.

2 Graben Sie ein Loch, das groß genug ist, um den Wurzelballen des Sämlings aufzunehmen, und so tief, dass sich die untersten Blätter knapp über der Erde befinden. Setzen Sie die Sämlinge in die Löcher, am besten mit einer Pflanzkelle. Wenn Sie die Pflanzen in Reihen setzen, lassen Sie zwischen den Sämlingen den erforderlichen Abstand (siehe die Einträge bei den einzelnen Gemüsesorten in Kapitel 3) und verwenden Sie dazu einen Zollstock, um die Abstände genau einzuhalten. Es ist sinnvoll, zuerst alle Sämlinge neben die Reihe zu legen und dann einzeln einzupflanzen.

3 Halten Sie die Pflanze mit einer Hand fest und schieben Sie mit der anderen Erde um die Pflanze, damit sie fest steht und von der Erde gestützt wird. Füllen Sie das Loch mit Erde auf. Gießen und mulchen (siehe Seite 57) Sie, wenn Sie mit dem Bepflanzen der Reihe fertig sind.

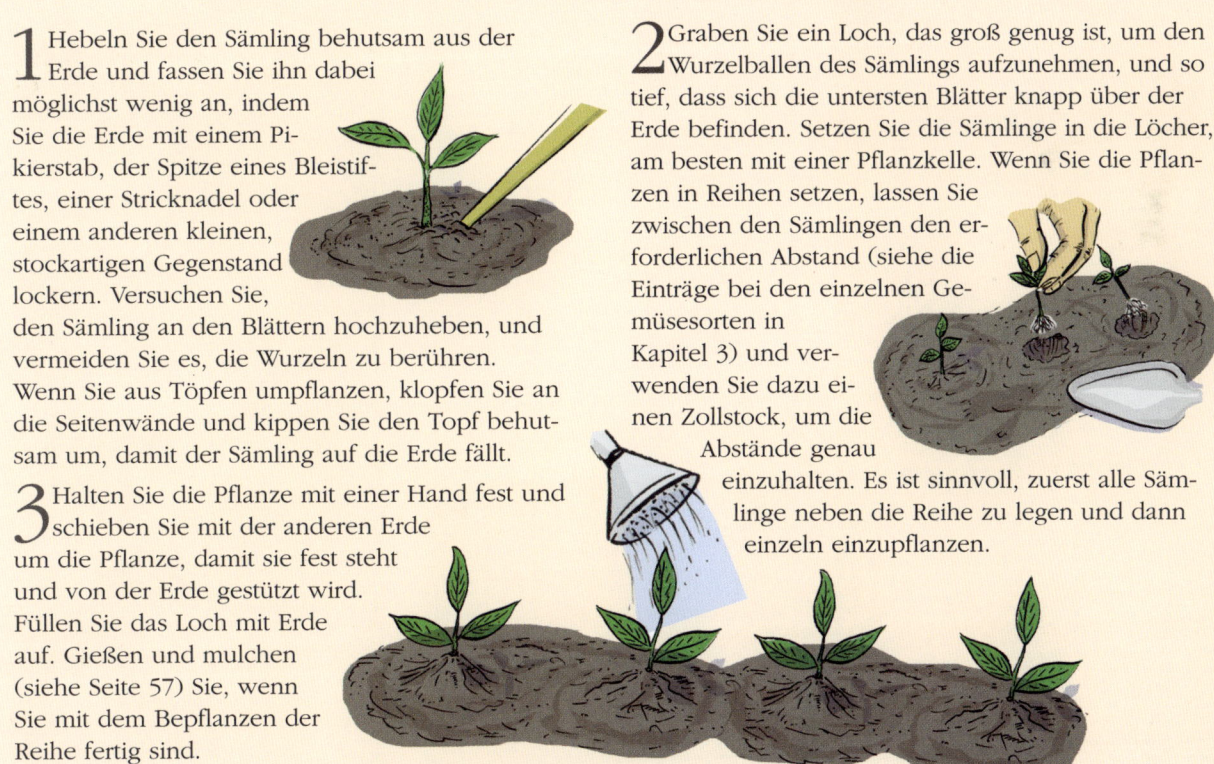

Aussaat und Anbau

Ausdünnen

Sämlinge müssen normalerweise ausgedünnt werden, damit die einzelnen Pflänzchen mehr Platz zum Wachsen und Gedeihen haben. Oft ist das nötig, wenn in Saatschalen oder in Reihen ausgesät wurde, die dann überfüllt sind. Wenn man die Sämlinge lässt, wie sie sind, dann müssen sie in der Erde um Platz für ihre Wurzeln und um Nährstoffe kämpfen. Dies hat zur Folge, dass sie nicht richtig wachsen, blass werden und eingehen.

Normalerweise säen wir mehr Samen aus, als wir brauchen, und die meisten Päckchen enthalten weitaus mehr Samen, als man für ein Beet benötigt. Die Zeit zum Ausdünnen ist gekommen, wenn die Blättchen anfangen, sich gegenseitig zu berühren und das zweite Blattpaar erschienen ist. Wenn man zu lange wartet, werden die Sämlinge schwach und welk. Entsorgen Sie die ausgedünnten Sämlinge auf dem Komposthaufen (siehe Seiten 24–27). Wenn Sie sie neben den Reihen im Beet liegen lassen, zieht das Schnecken an – die auch Ihre anderen Sämlinge mögen.

Eine andere Bezeichnung für „ausdünnen" ist „pikieren".

Warten Sie, bis alle Sämlinge erschienen sind und knipsen Sie überschüssige Pflänzchen direkt über der Erde ab. Wiederholen Sie den Vorgang immer, wenn die Reihen zu dicht aussehen. Zu Beginn dünnt man so aus, dass die Sämlinge für sich stehen, später entfernt man immer mehr Sämlinge, bis sie in dem für die jeweilige Pflanzenart richtigen Abstand (siehe Seiten 64–139) zueinander stehen.

Links und rechts: Radieschensämlinge erscheinen recht schnell und mögen es nicht, wenn sie zu eng stehen. Entfernen Sie die kleineren, schwächeren Pflanzen (links), lassen Sie die stärkeren stehen (rechts) und halten Sie sie frei von Unkraut.

Tipp Ausgedünnte Sämlinge von Pflücksalat oder Kräutern wie Basilikum sind zu schade für den Komposthaufen: Sie schmecken toll in Salaten oder Nudelgerichten.

Zarte Sämlinge ausdünnen

Basilikum wächst gut, wenn er in kleinen Klumpen ausgedünnt wird, die dann in einzelne Töpfe gepflanzt werden.

1 Wählen Sie die kräftigsten Sämlinge mit dem größten Wurzelsystem aus. Lockern Sie die Erde um die Sämlinge und nehmen Sie sie behutsam heraus.

2 Teilen Sie die Sämlinge vorsichtig in einzelne Pflanzen auf.

3 Setzen Sie die Sämlinge in ein Loch, das groß genug ist, um die Wurzeln aufzunehmen.

4 Drücken Sie behutsam die Erde um die Sämlinge fest und gießen Sie sie, falls sich Wurzeln gelockert haben.

Pflegeplan für junge Pflanzen

Wenn junge Sämlinge ins Freiland gepflanzt werden, benötigen sie anfangs liebevolle Fürsorge. Befolgen Sie diese einfachen Richtlinien, um ihnen den bestmöglichen Start zu verschaffen.

Gehen Sie sehr behutsam mit den Pflanzen um und bereiten Sie den Boden für sie vor, bevor Sie sie verpflanzen.

Wenn Sie sie von drinnen nach draußen pflanzen, härten Sie sie zuvor ab, indem Sie sie für ein paar Tage nach draußen bringen. Lassen Sie die Pflanzen anfangs tagsüber draußen und bringen Sie sie über Nacht wieder herein. Ein paar Tage später können Sie sie die ganze Zeit draußen lassen.

In den ersten paar Tagen sollten die Sämlinge vor Sonne geschützt werden, indem man einen umgedrehten Blumentopf über sie stülpt. Wenn es nicht windig ist, kann man dazu auch Zeitungspapier verwenden. Wenn die Temperaturen nachts stark absinken, sollte man die Sämlinge mit Abdeckhauben oder Vliesen schützen (siehe Seite 41).

Bis die Pflanzen die Möglichkeit hatten, sich zu etablieren, müssen sie vor Schädlingen geschützt werden. Achten Sie besonders auf Raupen- oder Schneckenangriffe. Solange die Pflänzchen noch zart sind, bietet Vlies einen guten Schutz.

Die Pflanzen sind ein köstlicher Leckerbissen für Ihre Hühner, für Vögel, Kaninchen und sogar Eichhörnchen. In diesem Fall bedecken Sie die Pflänzchen mit Netzen und verwenden Sie so viele Abschreckungsmittel, wie Sie bekommen können.

Junge Pflanzen sollten nicht mit Unkraut um die Nährstoffe im Boden konkurrieren müssen. Halten Sie also das Unkraut fern, indem Sie regelmäßig jäten.

Junge Pflanzen kann man mulchen. Das hilft dabei, Wärme und Feuchtigkeit in der Erde zu halten, vermindert die Verdunstung von Wasser, unterdrückt Unkraut und bietet Windschutz. Probieren Sie als Mulch einmal Grasschnitt oder Laubkompost aus, den Sie behutsam um die Sämlinge verteilen.

Sämlinge, die ins Freiland gepflanzt werden, sollten zu Beginn nicht gedüngt werden, weil das ihre Widerstandsfähigkeit gegen das Wetter herabsetzt.

Gießen Sie jeden Tag mit der feinen Brause einer Gießkanne, bis sich die Sämlinge etabliert haben (der Wasserstrahl aus einem Gartenschlauch ist für sie noch zu stark). Sie haben ein empfindliches Wurzelsystem und können schnell austrocknen.

Tipp Die Papprollen im Inneren von Küchen- oder Toilettenpapierrollen sind sehr gute Pflanzgefäße für junge Pflanzen, die es nicht mögen, wenn ihre Wurzeln gestört werden, z. B. beim Umpflanzen. Schneiden Sie längere Rollen zurecht, stellen Sie sie in eine Saatschale, füllen Sie sie mit Erde und legen Sie Samen hinein. Wenn die Sämlinge eine geeignete Größe erreicht haben, setzen Sie einfach das ganze Töpfchen in die Erde. Mit der Zeit wird sich die Papprolle zersetzen, ohne die neuen, zarten Wurzeln zu beschädigen.

Anzuchttöpfe aus Zeitungspapier

Aus Zeitungspapier lassen sich ganz leicht biologisch abbaubare Anzuchttöpfe herstellen. Sie säen einfach Ihre Samen aus und warten, bis die Sämlinge erscheinen. Wenn die Sämlinge groß genug sind, um verpflanzt zu werden, graben Sie ein Loch in die Erde und pflanzen den Zeitungspapiertopf mit dem Sämling direkt in den Boden. Dadurch werden die Wurzeln der Pflanzen am wenigsten gestört, und das Zeitungspapier zerfällt in der Erde. Am besten verwendet man dazu eine im Gartencenter gekaufte Papiertopfpresse, weil dabei perfekt geformte kleine Töpfe entstehen. Sie können aber genauso gut ein Glas mit geraden Seitenwänden verwenden und den Boden auf einer harten Unterlage festdrücken.

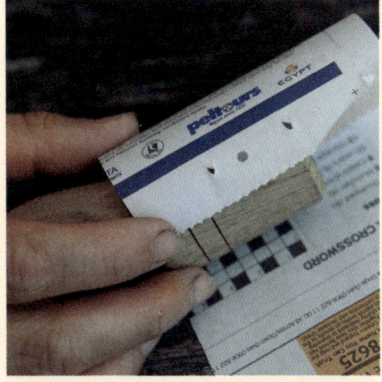

1 Trockenes Zeitungspapier in ca. 8 x 57 cm große Streifen schneiden. Einen Streifen locker um die Presse legen.

2 Überstehendes Papier an der Unterseite sauber umschlagen. Darauf achten, dass es keine Lücken gibt.

3 Den Stempel fest auf die hölzerne Formschale pressen.

4 Den Papiertopf abnehmen und mit Erde füllen – fertig für die Aussaat!

Aussaat und Anbau

Natürlicher Dünger

Pflanzen können irgendwann viele der im Boden enthaltenen wertvollen Nährstoffe aufbrauchen, wodurch dieser verarmt und eine Wiederauffüllung benötigt. Natürliche Dünger wie Brennnesseln oder Beinwell sind ausgezeichnete Nährstoffquellen, die bei vielen Leuten bereits im Garten wachsen.

Gar nicht so üble Brennnesseln

Diese Pflanzen mag man eigentlich nicht im Garten: Sie brennen auf der Haut, übernehmen jedes freie Stück und wachsen einfach überall. Lange Zeit habe ich sie gehasst, weil ich mit fünf Jahren einen mit Brennnesseln bewachsenen Hügel hinuntergerollt bin und mich immer noch an die Schmerzen erinnern kann. Aber nun, als Gärtnerin, bin ich bekehrt. Die Brennnessel ist für die Natur die wichtigste einheimische Pflanze, weil sie viele Insektenarten ernährt, darunter einige Schmetterlinge. Man kann auch köstlich schmeckende Suppen und heilkräftige Tees aus ihr zubereiten.

Brennnesseln stecken voller Nährstoffe, die den Pflanzen beim Wachsen helfen. Machen Sie sich also ihre Vorteile zu Nutze, indem Sie sie in einen kostenlosen, organischen und absolut sicheren Flüssigdünger verwandeln. Wenn Sie Ihre Pflanzen wöchentlich damit düngen, können Sie ihnen beim Gedeihen zusehen.

Organischer flüssiger Leckerbissen

1. Ziehen Sie dicke Gartenhandschuhe an und sammeln Sie einen großen Strauß frischer Brennnesseln. Junge Pflanzen eignen sich am besten, weil sie schneller kompostieren, aber ältere gehen auch.

2. Am besten sollten die Brennnesseln verletzt sein, also zerkleinern Sie sie mit einer Schere oder – noch besser – reißen Sie sie in Stücke. Geben Sie die Pflanzenteile in einen Eimer mit Deckel und bedecken Sie sie mit Wasser.

3. Legen Sie einen Ziegelstein oder ein anderes Gewicht auf die Brennnesseln und verschließen Sie den Eimer mit dem Deckel.

Lassen Sie die Flüssigkeit drei bis vier Wochen lang gären. Da dabei unangenehme Gerüche entstehen können, sollten Sie den Eimer dort hinstellen, wo er ungestört und nicht im Weg ist. Dann verdünnen Sie die Jauche, bis sie die Farbe von Tee angenommen hat: ungefähr 1 Teil Brennnesseldünger auf 10 Teile Wasser. Gießen Sie Ihre Pflanzen mit dieser Lösung. Füllen Sie den Eimer immer wieder mit Brennnesseln auf, damit Sie den ganzen Sommer über Flüssigdünger haben. Am Ende der Saison werfen Sie die Brennnesselrückstände auf den Komposthaufen und spülen Sie den Eimer gut aus.

ANBAU IN GEFÄSSEN

Wenn der Platz in Ihrem Garten begrenzt ist, dann gibt es immer noch jede Menge Obst und Gemüse, das in Gefäßen kultiviert werden kann. Auf diese Weise können auch Städter auf dem kleinsten Balkon oder auf Fensterbänken in der Wohnung Gemüse ziehen. Das kann höchst dekorativ aussehen, denn es gibt Töpfe in allen Farben und Größen und außerdem Mulche, die man als Blickfang auf die Erde legen kann, z. B. zerbrochene Muscheln, Porzellanscherben oder Glasperlen.

Jede Menge Töpfe

Ton und Terrakotta Es gibt sie in vielen Größen und Formen. Sie sollten frostsicher sein, damit sich im Winter keine Risse bilden. Wenn die Töpfe auf „Füßen" stehen, sind Frostschäden weniger wahrscheinlich. Terrakotta- und Tontöpfe tendieren dazu, schneller auszutrocknen. Wenn man das Innere mit Plastikfolie auskleidet, wird die Feuchtigkeit länger gehalten.

Metallgefäße Sie wirken modern. Alte verzinkte Kannen oder Eimer aus einem Trödelladen oder vom Flohmarkt erzielen einen rustikalen oder altmodischen Effekt. Sie neigen weniger zum Austrocknen, leiten aber Wärme und Kälte bereitwilliger.

Gefäße aus Holz Obstkisten, Blumenkästen oder Bottiche sind sehr attraktiv. Wenn die Obstkisten an den Seiten Schlitze aufweisen, dann sollten sie mit Plastikfolie ausgekleidet werden. Schneiden Sie in den Boden der Folie Abflusslöcher, bevor Sie das Gefäß mit Erde füllen.

Kunststoffgefäße Sie sind leicht und gut zu versetzen. Auch sind sie praktisch, weil sie nicht zum Austrocknen neigen und nicht anfällig gegen Frost sind. Suchen Sie attraktive Kunststofftöpfe, die Terrakottatöpfen nachempfunden sind.

RECHTS: *Gemüse und Kräuter in verschiedenen Töpfen zu ziehen, ist eine effektive und attraktive Art des Gärtnerns auf kleinem Raum.*

Blumenampeln Manche Pflanzen gedeihen sehr gut in Blumenampeln, z. B. Kräuter, Hängetomaten oder Erdbeeren, was das Pflücken erleichtert. Die Früchte sind weit vom Boden entfernt und somit auch von plündernden Schädlingen wie Mäusen oder Eichhörnchen.

Andere Gefäße Suchen Sie wiederverwertbare Gegenstände wie alte Konservendosen, Eimer oder Kessel. Bohren Sie Abflusslöcher in den Boden, und wenn ihr Platz drinnen sein soll, stellen Sie sie auf einen Untersetzer, damit das ausfließende Wasser aufgefangen wird.

Größe Achten Sie darauf, dass das Gefäß für die Pflanze, die Sie darin ziehen wollen, die richtige Größe hat. Wurzelgemüse benötigen hohe Töpfe, während Salate, Spinat und Rote Bete gut in flachen Töpfen gedeihen, weil die Wurzeln näher an der Oberfläche sitzen. Tomaten und Zucchini brauchen größere Töpfe, damit sie ihre Wurzeln ausbreiten können, und benötigen meistens Stützstäbe.

Wasserabzug Die meisten Pflanzen vertragen keine Staunässe, daher muss das Wasser gut ablaufen. Wenn Ihre Pflanzgefäße nicht schon Abflusslöcher im Boden haben, müssen Sie welche bohren. Legen Sie Steine, Tonscherben oder Styroporstücke in den Topf unten hinein, bevor Sie ihn mit gut durchlässiger Erde füllen.

Gießen Pflanzen in Töpfen neigen dazu, schneller auszutrocknen, weshalb der Feuchtigkeitsgehalt der Erde regelmäßig überprüft werden muss. Ein Fensterbrett fungiert als Miniatur-Gewächshaus, in dem die Feuchtigkeit sehr oft überprüft werden muss. Wenn Ihre Töpfe auf einer gepflasterten Terrasse stehen, bedenken Sie, dass die Steine bzw. Platten tagsüber Hitze aufnehmen und während der Nacht wieder abgeben. Ihre Pflanzen befinden sich dort in einer wärmeren Umgebung als im Freiland.

Verlassen Sie sich nicht darauf, dass der Regen Ihre Pflanzen mit ausreichend Wasser versorgt, denn er dringt oft nicht durch das Blattwerk oder ist nicht stark genug, um zu den Wurzeln vorzudringen. Es gibt wasserspeichernde Gels oder Puder, die beim Bepflanzen der Gefäße unter die Erde gemischt werden können. Sie schwellen an, wenn sie nass sind, und geben die Feuchtigkeit nach und nach an die Erde ab. Es gibt auch dekorative Mulche oder Kieselsteine, die auf die Erde gelegt werden können und ebenfalls die Feuchtigkeit in der Erde zurückhalten.

Erde Weil den Pflanzen im Topf nur eine vergleichsweise geringe Menge an Erde zur Verfügung steht, können sie daraus nur eine begrenzte Menge an Nährstoffen ziehen. Deshalb empfiehlt es sich, in Töpfen kultivierte Pflanzen regelmäßig mit Langzeitdünger oder Universalpflanzennahrung zu versorgen.

Standort Die meisten Gemüsepflanzen mögen die pralle Sonne und viel Licht. Wählen Sie die Standorte mit Bedacht, denn wenn die Töpfe einmal mit Erde und Wasser gefüllt sind, sind sie sehr schwer. Kletterpflanzen sollten Sie nicht an windigen Standorten anbauen. Achten Sie darauf, dass die Pflanzen in der Nähe eines Wasseranschlusses stehen, damit das Gießen leichter ist.

> *Tipp* Für einen echten Blickfang sollten Sie, statt einfach nur Pflanzen mit grünen Blättern zu ziehen, aus dem reichhaltigen Angebot an Sorten mit verschiedenfarbigen Blättern wählen wie roter Basilikum, Mangold mit leuchtend rosa-, lila- und orangefarbenen Stängeln oder dunkelroter Radicchio.

GEGENÜBERLIEGENDE SEITE: *Sammeln Sie alte Holzkisten, verzinkte Eimer, Körbe oder Tabletts, um Gemüse darin anzubauen.*

BEWÄSSERN
Die Lebensgrundlage

Um erfolgreich einen Bauerngarten mit Gemüse und Hühnern oder anderen Tieren unterhalten zu können, brauchen Sie Wasser. Da es nicht nötig ist, Pflanzen mit Trinkwasser zu gießen, ist die kostengünstigste und umweltfreundlichste Art, den Garten zu wässern, Regenwasser zu sammeln. Verschwenden Sie kein Wasser, denn es ist ein unschätzbar wertvolles Gut unserer Erde und sollte mit großem Respekt behandelt werden.

Wann soll man gießen?

Es ist weitaus besser, durchdringend und dafür seltener zu gießen, als jeweils ein bisschen und dafür öfter. Als Faustregel gilt, dass Sie Ihren Garten mit mindestens 2,5 cm Wasser wöchentlich versorgen sollten. Setzen Sie in der Nähe Ihres Gemüses einen kleinen Topf in die Erde als Indikator für die Niederschlagsmenge.

Versprühen Sie beim Gießen nicht nur ziellos ein bisschen Wasser. Auf diese Art verdunstet es einfach nur und bringt dem Boden keinen echten Nutzen. Gießen Sie stattdessen durchdringend und regelmäßig in Abschnitten. Wenn Ihre Pflanzen bei heißem und trockenem Wetter im Lauf des Nachmittags welken, heißt das nicht unbedingt, dass sie Wasser brauchen. Wahrscheinlich erholen sie sich über Nacht wieder. Wenn Pflanzen früh am Morgen welken, müssen sie sofort gegossen werden.

Sie müssen nicht gießen, nur weil der Boden trocken aussieht. Überprüfen Sie die Feuchtigkeit, indem Sie Ihren Finger in die Erde stecken und fühlen, ob sie unter der Oberfläche feucht ist. Wenn der Boden in ca. 5–10 cm Tiefe trocken ist, muss er bewässert werden.

Pflanzen gießt man am besten morgens oder spät am Abend. Da Schnecken es gerne feucht haben und den meisten Schaden nachts anrichten, ist das morgendliche Gießen vorzuziehen. Mitten am Tag wird zum einen viel Wasser verschwendet, weil es schnell verdunstet, zum anderen kann die heiße Sonne die nassen Pflanzen beschädigen. Reservieren Sie genug Zeit für die Pflege und Ernährung Ihrer Pflanzen und Tiere. Sie müssen auch gießen, wenn es geregnet hat, weil das Regenwasser oft den Boden nicht bis zu den Wurzeln der Pflanzen durchnässt, sondern manchmal an der Erdoberfläche verbleibt, bevor es verdunstet.

Auch die Bodenart hat Einfluss auf die Wasseraufnahme. Tonböden speichern im Sommer das Wasser gut, lassen es aber im Winter schlecht ablaufen. Bei Sandböden verhält es sich umgekehrt und Lehmböden sind ausgewogen: Sie halten im Sommer die Feuchtigkeit und lassen sie im Winter gut ablaufen.

Wie soll man gießen?

Jede Pflanze hat unterschiedliche Bedürfnisse, auch in den verschiedenen Entwicklungsphasen. Manche Pflanzen bevorzugen es, wenn der Boden gleichmäßig feucht ist, während andere lieber einen trockenen Boden haben und wenig Wasser benötigen. Kür-

bisgewächse z. B. mögen es gar nicht, wenn ihre Blätter nass werden. Machen Sie sich mit dem Flüssigkeitsbedarf jeden Pflanzentyps (siehe Seiten 64–139) vertraut – man kann eine Pflanze durch zu viel oder zu wenig Wasser umbringen.

Kümmern Sie sich um Ihre Hühner, besonders in heißen Sommer- oder eiskalten Wintermonaten. Sie brauchen jeden Tag frisches Wasser. Im Winter müssen Sie vor allem ein- bis zweimal am Tag kontrollieren, ob ihr Trinkwasser eingefroren ist.

Wasserquellen

Leitungswasser Das ist die einfachste und teuerste Option. Verwenden Sie es mit Bedacht und ver-

OBEN: *Verzinkte Gießkannen halten länger, aber Kunststoffkannen sind leichter.*

OBEN RECHTS: *Regentonnen sammeln das Regenwasser aus der Dachrinne und können ganz leicht hinter Sträuchern oder Kletterpflanzen versteckt werden.*

suchen Sie zu sparen, indem Sie auf zusätzliche Optionen zurückgreifen. Achten Sie darauf, dass Sie draußen in der Nähe Ihrer Gemüsebeete und des Hühnergeheges einen Wasseranschluss besitzen, denn es gibt nichts Schlimmeres, als im tiefsten Winter schwere Gießkannen voll Wasser durch die Gegend tragen zu müssen. Sorgen Sie dafür, dass die Rohre gut isoliert sind, damit sie nicht einfrieren oder ein Rohr platzt.

Regenwasser Regentonnen, in denen über die Dachrinne des Hauses Regenwasser gesammelt wird, sind ein Gewinn für jeden Garten und versorgen Sie mit einem kostenlosen und natürlichen Wasservorrat von unschätzbarem Wert. Heutzutage sind relativ günstige Tonnen aus Kunststoff in einer großen Auswahl an Formen und Größen erhältlich. Stellen Sie so viele wie möglich auf und bringen Sie an all Ihren Gartenhäusern Regenrinnen an, die mit den Tonnen verbunden sind. Stellen Sie die Regentonnen auf Ziegelsteine oder Betonblöcke, damit die Wasserhähne hoch genug sind, dass eine Gießkanne oder ein Eimer darunter passt.

Alte Blechwannen, Plastik-Mülleimer, Obstfässer oder gereinigte Ölfässer sind nützliche Alternativen zu den speziell für diesen Zweck hergestellten Regentonnen. Sie sollten sie aber stets mit einem Deckel verschließen, damit das Wasser nicht verdunstet.

Grauwasser Das ist Wasser aus Badewannen, Duschen oder der Küche von Privathaushalten. Seine Verwendung im Garten ist ökologisch sinnvoll, aber es muss frei von Chemikalien und Öl sein und darf nur wenig Seife oder Reinigungsmittel enthalten. Es kann schlecht werden und sollte deshalb so schnell wie möglich verwendet werden. Ihre Hennen brauchen allerdings unbedingt frisches Wasser.

Flüsse, Seen, Bäche und Teiche Wenn sich auf Ihrem Grundstück ein Fluss, ein See, ein Bach oder ein Teich befindet, empfiehlt es sich, bei der örtlichen Behörde ein Gutachten über die Wasserqualität einzuholen, um sicherzugehen, dass es nicht verschmutzt ist. Einen Teich anzulegen ist relativ einfach, er zieht jede Menge Wildtiere an und ist eine weitere wertvolle Wasserquelle.

Womit soll man gießen?

Gießkannen Das ist die beste Art zu gießen, weil Sie damit jede Pflanze entsprechend ihren Bedürfnissen erreichen können und am wenigsten Wasser verschwendet wird. Wählen Sie eine große hochwertige Kanne – die aus Plastik sind leichter als die aus Metall – mit verschiedenen Brausen. Eine feine Brause ist besonders wichtig für das Gießen von Samen und Sämlingen. Drehen Sie die Brause nach oben, damit empfindliche Blättchen nicht beschädigt werden.

Schläuche Es ist üblich, an den Wasserhahn im Garten einen Schlauch anzuschließen. Achten Sie beim Kauf auf gute Qualität, weil die Schläuche im Garten viel herumgezogen werden. Kaufen Sie einen Aufsatz, bei dem Sie verschiedene Sprühstärken einstellen können, einschließlich Sprühnebel und feines Brausen für das Gießen von Samen und Sämlingen. Unterschätzen Sie nicht die benötigte Länge des Schlauches: Es ist frustrierend, wenn der Gartenschlauch zu kurz ist.

Manchmal sprechen Wasserversorgungsunternehmen im Sommer ein Gießverbot aus – für den Gärtner ein Alptraum. Jedes Jahr gehen durch Lecks bei den Wasserversorgern Millionen Liter Wasser verloren. Achten Sie darauf, dass Sie nicht zu dieser Verschwendung beitragen und denken Sie immer daran, nach dem Gießen den Wasserhahn zuzudrehen.

LINKS: *Gießen Sie jede Pflanze entsprechend ihren individuellen Bedürfnissen und kaufen Sie qualitativ hochwertige Aufsätze für Ihren Schlauch (idealerweise eine Spritze, bei der Sie die Stärke des Wasserstrahls einstellen können).*

Tropfschläuche Das sind Schläuche mit vielen kleinen Löchern, die entlang der Beete im Boden vergraben werden können, um so das Wasser direkt ans Ziel zu bringen. Dabei verdunstet auch weniger Wasser.

Sprenger Sie bewässern eine große Fläche, können aber auch Wasser verschwenden, weil sie es nicht zielgenau und effektiv verteilen. Wenn Sie sich für diese Methode entscheiden, müssen Sie Pflanzen zusammensetzen, die dieselben Bedürfnisse bezüglich des Gießens haben. Verwenden Sie den Sprenger nur, wenn es wenig Wind hat, damit kein Wasser weggeweht wird.

Es gibt mehrere Arten auf dem Markt. Feste Sprenger haben oft eine Drehscheibe, die das Sprühmuster verändert, aber sie sind meist leicht und tendieren dazu, vom Druck des Wassers herumbewegt zu werden. Rotierende Sprenger sind effektiv, haben aber die Angewohnheit, umzufallen. Impulssprenger sind normalerweise verlässlicher, können so eingestellt werden, dass sie das Wasser über eine lange Distanz versprühen, und halten länger.

So bleibt die Feuchtigkeit länger im Boden

Mulch Organisches Material, mit dem die Oberfläche der Erde bedeckt wird, damit sie nicht austrocknet. Natürliches Mulchmaterial ist Stroh, Grasschnitt, Laubkompost, Rindenstücke und Teebeutel bzw. -blätter.

Organisches Material Bereiten Sie den Boden vor dem Pflanzen vor (siehe Seiten 20–23) und graben Sie organisches Material unter. Es wird das kostbare Wasser im Boden halten und ihn mit Nährstoffen versorgen. Organisches Material stammt von verrottetem Mist, Gartenkompost, Stroh oder allem, das in der Erde verrottet und Wasser speichert.

Windschutz Wenn Sie in einer windigen Gegend wohnen, kann ein Windschutz gegen die Verdunstung angehen und eine Sperre sein, wie Bäume, Sträucher und Hecken oder ein Holzzaun.

Hacken Durch regelmäßiges Hacken hält man nicht nur das Unkraut unter Kontrolle, sondern öffnet auch die Oberfläche des Bodens, so dass Wasser eindringen kann.

UNTEN: *Unkräuter können Ihren Pflanzen wertvolle Nährstoffe und Wasser wegnehmen. Jäten Sie Ihre Beete oft von Hand oder mit der Hacke.*

Tipp Graben Sie neben der Pflanze einen Blumentopf in die Erde. Wenn Sie das Wasser in den Blumentopf füllen, statt die Pflanze direkt zu gießen, erhält sie Wasser, ohne dass ihre Wurzeln gestört werden.

Aussaat und Anbau

KRANKHEITEN UND SCHÄDLINGE
So gewinnen Sie den Kampf

Die meisten Gärtner müssen mit Krankheiten und Schädlingen fertig werden, wobei manche leichter zu bewältigen sind als andere. Der Trick besteht darin, den Garten so anzulegen, dass die Probleme auf natürliche Art bekämpft werden. Schädlinge und Krankheiten können nicht vollständig beseitigt werden, denn sie sind ein natürlicher Teil des Pflanzenlebens. Ihr Ziel sollte nicht sein, gar keine Pflanzen zu verlieren, sondern nur wenige.

Natürliche Abwehrmechanismen

Ohne Chemikalien hält die Methode des Fruchtwechsels (siehe Seite 16) den Boden gesund und lockt viele nützliche Wildtiere in Ihren Garten. Wenn Sie mit chemischen Lösungen gegen Schädlinge vorgehen, bedenken Sie, dass diese alle Lebewesen auf Ihren Pflanzen töten, nicht nur die unwillkommenen.

Kaufen Sie nach Möglichkeit krankheitsresistente Pflanzensorten. Alle Pflanzen verfügen über Mechanismen, um mit Schädlingen und Krankheiten fertig zu werden. Wenn Sie Ihre Pflanzen mit Wasser und Nährstoffen gut versorgen, damit sie stark und gesund sind, können sie sich eher selbst gegen Angriffe verteidigen, als wenn sie schwach sind.

Gestalten Sie das Milieu für Schädlinge so feindlich wie möglich, indem Sie Unkraut und alle anderen möglichen Verstecke beseitigen und mit Netzen, Maschendraht und Vliesen Hindernisse schaffen. Versuchen Sie es auch einmal mit Mischkultur als weitere natürliche Art der Verteidigung (siehe Seiten 17–19).

Maßnahmen zu Schädlingsbekämpfung

Nackt- und Gehäuseschnecken Sie sind im Gemüsegarten wohl die schlimmsten Feinde. Es gibt Schneckenköder zu kaufen, aber die meisten sind nicht biologisch. Es gibt biologische Abwehrmittel, wie den natürlich vorkommenden Dünger Eisenphosphat. Andere biologische Methoden sind die folgenden:

Bierfallen Schnecken werden vom Duft von Hefe angezogen und von den Pflanzen weg ins Bier gelockt. Mit dieser Methode werden aber nicht alle Schnecken im Garten erfasst, und Sie werden unweigerlich einen Teil Ihrer Pflanzen verlieren. Die Fallen müssen alle zwei bis drei Tage geleert und nachge-

Eine selbst gemachte Bierfalle

1 Füllen Sie einen flachen Topf oder einen Kunststoff-Lebensmittelbehälter 2,5–5 cm hoch mit billigem Bier (angeblich ist in Fassbier mehr Hefe enthalten als in Flaschenbier).

2 Graben Sie das Gefäß so ein, dass sich der Rand auf Bodenniveau befindet, damit die Schnecken leicht in die Falle kriechen können.

3 Hängen Sie eine Abdeckung über die Falle, die sie vor Regenwasser schützt, Schnecken aber hineingelangen lässt.

füllt werden. Werfen Sie die Schnecken nicht auf den Kompost, denn sie riechen schlecht.

Zerbrochene Eierschalen/Splitt Für Schnecken schwierig zu überwinden: Legen Sie um jede Pflanze eine Schicht davon.

Manuelle Entfernung Schnecken und Raupen von Hand einzusammeln, ist eine effektive Methode. Man kann die Tiere schnell und wirkungsvoll in einem Glas mit Salzwasser loswerden.

Kaninchen Diese Geschöpfe knabbern fröhlich Tag und Nacht an Ihrem Gemüse. Die beste Abwehrmöglichkeit ist ein Begrenzungszaun.

Eichhörnchen und Mäuse Obst ist für Eichhörnchen und Mäuse sehr attraktiv. Schützen Sie Ihre empfindlichsten Pflanzen mit Netzen. Eichhörnchen sind allerdings geschickte Einbrecher. Um ein wirksames Abwehrmittel zu finden, muss man ein wenig herumprobieren.

Maulwürfe Es gibt Lebendfallen, mit denen man die geschützten Maulwürfe fangen kann.

Hühner Ich besitze eine besonders rebellische Henne, die ständig ausbricht und Houdini wie einen Anfänger aussehen lässt. Sie scheint zu merken, wenn ich besonders schmackhaften Spinat oder Pflücksalat ausgesät habe, und verspeist die ganze Reihe, bevor ich ihr auf die Schliche komme. Versuchen Sie, Ihre Hühner während der Wachstumsperiode unter Kontrolle zu halten.

Katzen Sie halten ausgezeichnet Nagetiere fern, neigen aber auch dazu, die Erde als Toilette zu gebrauchen, und richten Schaden an, indem sie Saatbeete aufgraben. Katzen sind Jäger und schnappen sich nützliche Raubtiere wie kleine Vögel, Frösche und Kröten. Selbst wenn Sie selbst keine Katze besitzen, kommt sicher eine aus der Nachbarschaft. Ein Hund schreckt sie ab. Es gibt ein elektronisches Gerät, das ein Geräusch abgibt, das für das menschliche Gehör nicht wahrnehmbar ist, für Katzen jedoch unerträglich. Es schadet ihnen nicht und sie meiden dieses Gebiet. Für Ihre eigene Katze gibt es keine Lösung. Gemahlenen Pfeffer um die Pflanzen zu streuen ist auch ein mögliches Abschreckungsmittel.

Hunde Sie lassen sich leichter erziehen als Katzen, und normalerweise können Sie ihnen beibringen, dass der Gemüsegarten tabu ist (außer wenn sie die Katzen jagen).

Kinder Es ist schön, Kinder mit dem Garten vertraut zu machen, aber passen Sie auf, dass sie nicht auf Ihr Gemüse trampeln. Wenn Sie ihnen Respekt gegenüber dem Garten beibringen und sie beim Pflanzen, Gießen und Pflegen einbeziehen, werden sie sich genauso viel Mühe geben wie Sie.

Rechts: *Hühner halten immer Ausschau nach wohlschmeckenden jungen Blättern, an denen sie knabbern können.*

Krankheiten bekämpfen

Krankheiten können sich langsam anschleichen, festsetzen und im Boden Jahre überdauern, noch bevor man sie bemerkt. Wann immer möglich, sollte man sich für krankheitsresistente Pflanzensorten entscheiden. Darüber hinaus ist es wichtig, die Pflanzen gut zu pflegen, um gesundes Wachstum zu fördern, und ein paar Grundregeln der Gartenhygiene einzuhalten.

Vermeiden Sie Trockenstress und eine Über- oder Unterversorgung mit Nährstoffen. Lassen Sie zwischen den Pflanzen genügend Abstand. Entfernen Sie alte oder beschädigte Blätter (nicht auf den Komposthaufen werfen). Kontrollieren Sie Ihre Pflanzen auf erste Anzeichen einer Krankheit.

Schädling	Beschreibung	Schaden	Maßnahmen
Blattläuse	Schwarz, grün, grau oder weiß. Winzig klein, manche können fliegen.	Schwächen die Pflanzen und hemmen das Wachstum. Die Blätter rollen sich ein.	– Fressfeinde unter den Insekten oder Vögeln fördern. – Mit insektizider Seife besprühen. – Mit sauberem Wasser besprühen. – Marienkäfer, Florfliegen und Schwebfliegen anlocken.
Raupen und Larven	Larven von Schmetterlingen, Motten, Käfern etc. Manche leben oder überwintern in der Erde, andere sind sichtbarer.	Ernähren sich von Blättern, Früchten, Wurzeln und Stängeln.	– Absammeln und töten; Blattunterseiten kontrollieren. – Mit einer Lösung aus 60 g Salz auf 4,5 l Wasser besprühen. – Die Erde aufharken, damit die Larven für Vögel erreichbar sind.
Nackt- und Gehäuseschnecken	Weichtiere, die sich von jungen Pflanzen ernähren, hauptsächlich nachts bei feuchten Bedingungen.	Fressen Blätter und Triebe.	– Nach Möglichkeit in der Abenddämmerung von Hand einsammeln; bei feuchtem oder nassem Wetter die Unterseite der Blätter kontrollieren. – Bierfallen (siehe Seite 58) und Sperren aus Splitt verwenden. – Natürliche Fressfeinde wie Kröten anlocken.
Rote Spinne/ Spinnmilben	Winzige, Pflanzensaft saugende Insekten, die in warmer, trockener Umgebung leben.	Gelb gefleckte Blätter und feine Gespinste.	– Pflanzen feucht halten. – Die Blätter mit Wasser besprühen, vor allem im Gewächshaus. – Mit insektizider Seife besprühen.

Krankheit	Beschreibung und Schaden	Behandlung
Baumkrebs	Verursacht krankhafte Gewebsveränderungen und lässt Rinde von Obstbäumen und verholzten Pflanzen absterben.	– Befallene Triebe abschneiden. – Anfällige Sorten meiden.
Kohlhernie	Befällt vor allem Kopfkohl und anderes Kohlgemüse. Infektion der Wurzeln, die in manchen Böden verbreitet und in warmen, nassen Böden besonders aktiv ist. Die Wurzeln werden missgebildet und ihr Wachstum wird verhindert.	– Vorbeugen ist am besten. Kalkhaltige Erde reduziert die Infektion. – Ziehen Sie die Pflanzen in steriler Erde vor und warten Sie mit dem Auspflanzen, bis sie sich etabliert haben. – Schützen Sie junge Pflanzen, indem Sie eine Manschette um die Stängelbasis legen.
Mehltau	Pilzkrankheit, entweder Falscher oder Echter Mehltau. Halten Sie Ausschau nach einem pudrigen, grauen Staub, der deformierte Blätter bedeckt. Falscher Mehltau verursacht gelbe Stellen und einen grauen, flaumigen Belag auf der Blattunterseite.	– Kann durch zu geringe Pflanzabstände und trockene Bedingungen verursacht werden. – In Trockenperioden gut gießen und mulchen. – Falscher Mehltau tritt bei feuchten bzw. feucht-warmen Bedingungen auf, manchmal erst gegen Ende der Saison. Vermeiden Sie geringe Pflanzabstände und gießen Sie morgens. – Befallene Triebe und Blätter entfernen. – Resistente Sorten anbauen.
Fäule	Pilze und Bakterien, die den Zerfall von Pflanzengewebe verursachen. Tritt bei feuchten Bedingungen oder Staunässe auf.	– Für angemessene Luftzirkulation und geeigneten Wasserabfluss sorgen. – Nicht zu viel gießen, nicht zu eng pflanzen. – Befallene Pflanzen sofort vernichten.
Rost	Pilzkrankheit, die auf Blättern und Stängeln winzige dunkle Flecken mit roten oder braunen Pusteln verursacht, in denen sich die Sporen befinden. Rostkrankheiten entstellen die Pflanzen eher, als sie zu zerstören.	– Befallene Blätter entfernen, um Ansteckung zu vermeiden. – Werkzeug desinfizieren und den Bestand in der nächsten Saison an eine andere Stelle pflanzen.
Schorf	Durch Pilze und Bakterien verursachte Krankheit, bei der auf Blättern, Wurzeln, Früchten und Zweigen verkrustete Flecken entstehen.	– Zu hohe Kalkgaben vermeiden; regelmäßig gießen, jauchen, mulchen. – Befallene Blätter und Triebe im Herbst entfernen. – Befallene Früchte und Wurzeln nicht lagern, sondern sofort verzehren.
Viruserkrankungen	Treten bei einer Reihe von Pflanzen häufig auf. Halten Sie Ausschau nach gelb gefleckten, gekräuselten Blättern, verkrüppeltem Wuchs und geringem Ertrag. Viruskrankheiten werden normalerweise durch Schädlinge oder Kontakt mit Händen/Werkzeugen übertragen.	– Bauen Sie Pflanzen an, die als virusfrei ausgewiesen sind. – Hände und Werkzeuge regelmäßig waschen, um eine Übertragung zu vermeiden. – Befallene Pflanzen vernichten, nicht kompostieren.
Welke	Manche Pflanzen fallen vollständig in sich zusammen, normalerweise als Reaktion auf Staunässe, zu viel Gießen oder kaltes, nasses Wetter.	– Übermäßiges Gießen vermeiden. – Wenn die Pflanzen zusammengefallen sind, ist es zu spät, sie zu retten.

Aussaat und Anbau

KAPITEL 3

Der Küchengarten

Der Küchengarten wird das Herzstück Ihres Bauerngartens sein. Da es so viele verschiedene Arten von Gemüse, Obst und Kräutern gibt, ist es sehr wichtig, dass Sie Ihre Pflanzen sorgfältig auswählen. Bei mir zu Hause kann keiner Auberginen leiden, also bauen wir sie nicht an. Von Zucchini und Roter Bete dagegen können wir nicht genug bekommen. Überschüssiges Gemüse ist immer gut für einen Tauschhandel mit Freunden. Sie können Ihre Erzeugnisse natürlich auch mit einem ähnlich gesinnten Nachbarn teilen. Zum Beispiel könnten Sie genug Zucchini für Sie beide anbauen, der andere den Spinat.

Von Gemüse-, Obst- und Kräuterarten gibt es sehr viele verschiedene Varianten. Deshalb müssen Sie, obwohl ich hier für jede Art von Erzeugnis bestimmte Sorten empfohlen habe, selbst herumprobieren, um ein gutes Endergebnis zu erzielen. Manche Sorten sind für bestimmte Boden- und Klimaverhältnisse am besten geeignet, andere sind krankheitsresistent. Was Sie anbauen, hängt auch davon ab, welche Samen in Ihrem Gartencenter vor Ort oder in einem Saatgutkatalog erhältlich sind. Mein Rat für Gartenneulinge lautet, sich von den Sorten nicht zu sehr aufhalten und verwirren zu lassen. Entscheiden Sie sich einfach für etwas, dessen Farbe und Form Sie wiedererkennen und experimentieren Sie in den folgenden Jahren weiter.

Denken Sie immer daran, Ihre Pflanzreihen oder Saatschalen zu beschriften. Wenn Sie Buch darüber führen, welche Pflanzen Sie wo gepflanzt haben, nehmen Sie sich auch die Zeit einzutragen, welche Sorten sich bewährt haben, damit Sie im nächsten Jahr entweder dieselbe Sorte anbauen können oder eine andere ausprobieren. Die Bepflanzung zu dokumentieren, ist auch sehr nützlich, wenn Sie einen Fruchtwechsel durchführen möchten.

WURZEL- UND KNOLLENGEMÜSE

Wurzel- und Knollengemüse bilden die Grundlage vieler Gerichte. Kein Küchengarten sollte ohne Kartoffeln, Karotten, Radieschen oder Rote Beten auskommen.

Kartoffeln

Sie enthalten viel Vitamin C und Kalium und gehören zu den beliebtesten Gemüsearten. Sie lassen sich leicht anbauen und es gibt sie in vielen verschiedenen Varianten – von der großen Ofenkartoffel zu kleinen, nussähnlichen Salatkartoffeln.

Frühe Sorten liefern im Sommer neue Kartoffeln. Die ersten Frühkartoffeln können innerhalb von drei Monaten geerntet werden, mittelfrühe Sorten brauchen nur ein paar Wochen länger. Späte Sorten sind ideal, wenn die Kartoffeln über Winter gelagert werden sollen, und die Knollen sind normalerweise größer. Pflanzen Sie die ersten Frühkartoffeln vor den späten und den mittelfrühen Sorten. Wenn Sie nicht so viel Platz haben, sollten Sie sich nur für frühe Sorten entscheiden. Kartoffeln sind nur bedingt winterhart. Die jungen Blättchen können im Frühjahr Spätfrösten zum Opfer fallen, frühe Fröste im Herbst können die Stängel zerstören.

Die einfachste Art, Kartoffeln anzubauen, ist, vorgekeimte Kartoffeln – kleine Saatkartoffeln, die man vor dem Einpflanzen dazu gebracht hat, kleine Triebe zu entwickeln – zu kaufen und einzupflanzen. Wenn die Kartoffel eingegraben wurde, bilden sich über der Erde Stängel und Blätter, während unter der Erde die Knollen im Sommer oder Frühherbst anschwellen und sich entwickeln.

Achten Sie beim Kauf von Saatkartoffeln darauf, dass sie als virusfrei ausgewiesen sind.

Beste Sorten *Kestrel:* mittelfrühe Sorte mit guter Schneckenresistenz; *Accent:* frühe festkochende Kartoffel; *Maris Piper:* späte, ertragreiche Sorte; *Desirée:* vielseitig verwendbare Sorte mit roter Schale.
Standort Hell und sonnig. Um Bodenverunreinigungen zu vermeiden, sollten Sie die Kartoffeln nicht an derselben Stelle pflanzen wie im Vorjahr.
Boden Tiefgründiger, gut durchlässiger Boden an einer sonnigen Stelle. Geben Sie im Herbst des Vorjahres viel gut verrotteten Mist aufs Beet.
Pflanzung Pflanzen Sie im mittleren bis späten Frühjahr.

Kaufen Sie vier bis acht Wochen vor der Pflanzung Saatkartoffeln und setzen Sie sie mit den Augen nach oben in Eierkartons oder Saatschalen. Stellen Sie sie an einen hellen, kühlen Ort und warten Sie darauf, dass sich kurze grüne Triebe entwickeln. Harken Sie vor dem Pflanzen das Beet. Heben Sie einen Graben aus und pflanzen Sie jede Kartoffel mit den Trieben nach oben ein. Brechen Sie keine Triebe ab.

> *Tipps* Vor dem Pflanzen sollte die Erde aufgewärmt werden, indem man sie ein paar Wochen im Voraus mit Hauben oder schwarzer Folie bedeckt. Sie können entweder Löcher in die Folie schneiden und durch sie pflanzen oder die Folie vor dem Pflanzen entfernen. Kartoffeln, die unter der Folie wachsen, müssen nicht angehäufelt werden, weil die Folie die Knollen vor Licht schützt (siehe gegenüberliegende Seite).
>
> • Versuchen Sie, zwischen den Reihen in die Grate zu gießen. Das Wasser sickert ein und versorgt die Kartoffeln von unten mit Feuchtigkeit.

Sobald die Triebe durch die Erde brechen, müssen die Kartoffelpflanzen angehäufelt werden, damit sie vor Frost und Licht geschützt sind. Lockern Sie die Erde zwischen den Reihen und häufen Sie die gelockerte Erde um die Stängel herum an, damit ein Grat entsteht. Dieser Vorgang muss während der Wachstumsperiode jede Woche wiederholt werden, damit die Kartoffeln, während sie wachsen, nicht an die Erdoberfläche gelangen. Wenn Licht an die Kartoffeln kommt, werden sie grün und giftig.

Pflanzabstand Frühkartoffeln pflanzt man 15 cm tief, mit einem Abstand von 30 cm und von 60 cm zwischen den Reihen; späte Sorten pflanzt man 40–75 cm auseinander.

Keimdauer Saatkartoffeln benötigen ca. 4–8 Wochen, um Triebe zu entwickeln.

Von der Pflanzung bis zur Ernte Frühkartoffeln: 13 Wochen; späte Sorten: 22 Wochen.

Krankheiten und Schädlinge Kraut- und Knollenfäule: Auf der Oberseite der Blätter erscheinen braune, rostartige Flecken, auf der Unterseite ein schimmelähnlicher Belag. Wenn sich diese Krankheit einmal festgesetzt hat, können Sie nichts anderes tun, als alle Pflanzen zu verbrennen und nächstes Mal an einer anderen Stelle anzubauen. Versuchen Sie es mit einer resistenten Sorte.

Nacktschnecken: Sie graben sich in die Kartoffeln und verursachen graue Löcher. Vermeiden Sie den Anbau in nasser Erde.

Zystenälchen: Darauf deuten verdorrte braune Blätter und winzige Zysten an den Wurzeln hin. Vermeiden Sie es, an derselben Stelle anzubauen und kaufen Sie resistente Sorten.

Kartoffelkäfer: Der hartnäckige Schädling mag keine Kümmelpflanzen zwischen den Kartoffeln.

Jäten In der Nähe der Pflanzen regelmäßig von Hand jäten, zwischen den Reihen hacken.

Gießen Bei warmem Wetter gut gießen, vor allem während der Knollenbildung. Zu Beginn des Wachstums für eine reiche Ernte großzügig gießen.

Ernten Graben Sie Frühkartoffeln aus, wenn sich die Blüten öffnen. Entfernen Sie die Erde um die Stängelbasis, um zu sehen, ob die Kartoffeln schon groß genug sind, und ernten Sie an einem trockenen Tag. Ernten Sie späte Sorten im Spätsommer, wenn Sie sie sofort verzehren wollen. Wenn nicht, lassen Sie sie in der Erde und graben Sie sie nach Bedarf aus. Dadurch erhöht sich allerdings die Wahrscheinlichkeit, dass Schnecken Schaden anrichten. Spießen Sie beim Ausgraben die Kartoffeln nicht mit Ihrer Grabegabel auf. Eine Kartoffelgabel ist ideal, weil sie flachere Zinken hat. Wenn die Kartoffeln feucht sind, sollte man sie an der Luft trocknen lassen.

Lagern Lagern Sie Kartoffeln in einem Papier- oder Jutesack an einem kühlen, trockenen Ort.

UNTEN: *Kartoffeln auszugraben ist, als ob man einen verborgenen Schatz aus der Erde heben würde.*

Karotten

Sie gewöhnen sich bald an die unregelmäßig geformten Exemplare, die man seit vielen Jahren nicht mehr im Supermarkt sieht. Gleich nach dem Ernten sind Karotten süß und voller Geschmack. Sie sind ein sehr vielseitiges Gemüse und können in Suppen und Pfannengerichten, aber auch für köstliche, saftige Kuchen verwendet. Karotten sind sehr nahrhaft, enthalten viel Vitamin A und Kalzium und sind eine gute Ballaststoffquelle.

> *Tipps* Am besten dünnt man Karotten an einem kühlen, regnerischen Tag aus, weil die Karottenfliege an einem heißen Tag ihren Duft besser wahrnehmen kann.
>
> • Säen Sie alle drei bis vier Wochen aus, damit Sie vom Frühjahr bis zum Herbst mit Karotten versorgt sind.

Beste Sorten Kurze Wurzeln – *Parmex:* abgerundete Rübe, großartige Farbe, gut geeignet für Topfkultur; mittellange Wurzeln – *Maincrop:* schmackhaft und sehr resistent gegen die Karottenfliege; lange Wurzeln – *St. Valery:* lange, spitz zulaufende Rübe.
Standort Sonniger, offener Standort.
Boden Tiefgründig und fruchtbar, für lange Sorten sandig. Sorten mit kurzen Rüben gedeihen auch in schwereren Böden. Fügen Sie der Erde keinen schweren Mist hinzu. Wenn Ihr Boden ungeeignet ist, gedeihen Karotten auch in Pflanzsäcken oder Gefäßen.
Aussaat Bei einer geschützten Aussaat können Sie im späten Winter oder zeitigen Frühjahr aussäen, im Freiland sollten Sie bis zum späten Frühjahr warten. Ziehen Sie eine 1 cm tiefe Furche und säen Sie die Samen sehr dünn. Um zu vermeiden, dass zu dicht gesät wird, kann man sie vor dem Säen mit ein wenig Sand vermischen. Bedecken Sie die Samen mit einer dünnen Schicht Erde, drücken Sie sie behutsam an und gießen Sie sie. Die Furchen sollten einen Abstand von 15 cm haben.
Keimdauer 17 Tage.
Pflanzabstand Der Abstand zwischen den Pflanzen sollte 5–7,5 cm betragen. Es ist besser, wenn sie enger beieinander stehen, weil man dadurch nicht hacken muss.
Ausdünnen Vereinzeln Sie die Sämlinge, wenn sie groß genug dazu sind.
Von der Aussaat bis zur Ernte Frühe Sorten: 12 Wochen; späte Sorten: 16 Wochen.
Krankheiten und Schädlinge Karottenfliege: Der schlimmste Feind der Karotten. Die Larven graben sich in die Oberfläche der Wurzeln. Von oben sind keine Anzeichen der Schädlinge zu erkennen, erst wenn man die Karotten herauszieht. Wenn die Karottenfliege den Duft der Karotten wahrnimmt, fliegt sie hin und legt ihre Eier ab. Zur Abwehr der Karottenfliege kann man ein spezielles Gewebe kaufen, aber mit Tüllgardinen geht es genauso gut. Pflanzen Sie Zwiebeln, Schnittlauch und Tagetes neben Ihre Karotten – die sollen die Karottenfliege vertreiben.
Jäten Entfernen Sie Unkraut vorsichtig und beschädigen Sie das Blattwerk nicht.
Gießen Wässern Sie, wenn der Boden besonders trocken ist, aber nicht zu viel. Halten Sie die Feuchtigkeit des Bodens konstant, weil plötzliches Gießen oder ein Regenguss die Karotten aufplatzen lässt.
Ernten Wenn das Laub zu welken anfängt, entfernt man behutsam die Erde um die Blätterbasis und überprüft die Größe der Rübe. Ziehen Sie die Karotten vorsichtig heraus. Ernten Sie sie im frühen Winter, wenn Sie sie lagern wollen.
Lagern Erde von den Karotten entfernen. Schneiden Sie die Blätter ca. 1 cm über der Rübe ab und legen Sie die Karotten zwischen Sandschichten in eine Kiste. Die Rüben sollten sich gegenseitig nicht berühren. So halten sie sich bis zum Frühjahr. Karotten lassen sich gut einfrieren. Fünf Minuten lang blanchieren, abgießen, abkühlen lassen, in Tiefkühlbeutel verpacken und einfrieren. Im Kühlschrank bleiben sie bis zu zwei Wochen lang frisch.

GEGENÜBERLIEGENDE SEITE: *Wenn man Karotten bald nach der Ernte isst, schmecken sie süßer.*

Rote Beten

Dieses Gemüse ist sehr leicht anzubauen und benötigt wenig Pflege. Rote Bete kann zum Schossen neigen. In diesem Fall schiebt sich ein Stängel zwischen den Blättern nach oben, der signalisiert, dass die Pflanze nicht mehr gut ist. Graben Sie sie aus und werfen Sie sie weg. Kaufen Sie nach Möglichkeit eine schossfeste Sorte, was auf dem Samenpäckchen vermerkt ist.

Wenn die Samen im richtigen Abstand in den Boden gesät wurden, ist es nicht nötig, die Sämlinge zu vereinzeln. Jeder Samen bildet drei oder vier Wurzeln, die sich nicht in derselben Geschwindigkeit entwickeln. Normalerweise gibt es eine dominante, die zuerst geerntet werden kann, während die anderen weiterwachsen.

Vergessen Sie die Vorurteile darüber, dass Rote Bete nur zum Einlegen geeignet sei. Sie ist eine vielseitige Zutat. Sehr kleine Rüben schmecken auch roh köstlich, z. B. gerieben im Salat. Größere Exemplare können Sie mit einem Spritzer Olivenöl und gehacktem Knoblauch braten. Die Blätter können als Salat zubereitet werden.

Tipps Lassen Sie die Rüben nicht zu groß werden, sonst verlieren sie an Geschmack.

• Wenn Sie sie im Ganzen einlegen wollen, ernten Sie sie, bevor sie nicht mehr in Ihre Einmachgläser passen.

Beste Sorten *Detroit 2/Bolivar*
Standort Offener, sonniger Standort.
Boden Gut sind neutrale Böden, die weder zu viel Kalk noch zu viel Säure enthalten, relativ weich sind und nicht zu viel Ton oder Sand enthalten. Mulchen Sie das Beet vor dem Bepflanzen.
Aussaat Vom zeitigen Frühjahr bis zum Spätsommer.

Die Samen sind korkartig und brauchen unter Umständen lang zum Keimen. Idealerweise weichen Sie sie über Nacht ein. Sie können bis zu vier Wochen vor den letzten Frösten ausgesät werden und im späten Winter unter Glas gepflanzt werden. Säen Sie alle 14 Tage in kurzen Reihen, damit Sie kontinuierlich ernten können.

UNTEN: *Bei der Roten Bete sind alle Pflanzenteile essbar. Die Blätter ergeben einen köstlichen warmen Salat.*

Keimdauer Ungefähr 2 Wochen bei einer Mindesttemperatur von 7 °C.

Pflanzabstand Säen Sie die Samen 2 cm tief und mit einem Abstand von 5–10 cm.

Ausdünnen Wenn Sie die Samen in Anzuchtschalen gesät haben, sollten Sie die Sämlinge bei Erscheinen der ersten Blätter vereinzeln. Bei einer Aussaat ins Freiland ist kein Ausdünnen nötig.

Von der Aussaat bis zur Ernte 8–16 Wochen.

Krankheiten und Schädlinge Rote Bete ist nicht anfällig für Krankheiten, kann aber unter Blattfleckenkrankheiten leiden.

Jäten Jäten Sie vorsichtig von Hand oder mit der Hacke zwischen den Reihen. Verletzen Sie die Pflanze nicht mit der Hacke oder der Pflanzkelle, weil sie bluten kann.

Gießen Gießen Sie täglich, bis die Blätter zu sprießen beginnen. Wenn es nicht regnet, gießen Sie weiterhin alle paar Tage. Haben sich die Blätter der Pflanze einmal etabliert, holt sich das Wurzelsystem die Feuchtigkeit selbst aus dem Boden. In Trockenperioden sollte alle 10–14 Tage gegossen werden, aber nicht zu viel, sonst entwickelt die Pflanze tolle Blätter, aber eine armselige Rübe. Wassermangel führt zu holzigen Rüben.

Ernten Man sieht ein Stück von der Rübe aus der Erde schauen und kann ihre Größe erahnen. Ernten Sie die Rüben, wenn sie die Größe einer Clementine erreicht haben. Die Rüben können bis zum Herbst in der Erde verbleiben, aber wenn man sie zu spät erntet, werden sie holzig.

Graben Sie Baby-Rote-Beten aus, wenn sie die Größe eines Golfballs haben. Wenn Sie vorhaben, die Rüben zu lagern, sollten Sie darauf achten, sie nicht zu beschädigen.

Lagern Rote Beten lassen sich den Winter über aufbewahren. Zum Lagern müssen sie trocken und sauber sein. Brechen Sie die Blätter kurz oberhalb der Rübe ab. Dabei sollten Sie Gummihandschuhe tragen, weil der dunkelrote Saft Hände und Kleidung verfärben kann. Schichten Sie die Rüben in Kisten mit feuchtem Sand (sie sollten einander nicht berühren) und stellen Sie diese in einen kühlen, trockenen Schuppen.

UNTEN: *Vorsicht! Die Pflanze kann bluten und Ihre Hände oder Kleider verfärben.*

Pastinaken

Das beliebte Wurzelgemüse ist winterhart und leicht anzubauen. Beim Braten entwickelt es einen süßen, karamellartigen Geschmack und in Olivenöl gegart und mit geriebenem Parmesan bestreut schmeckt es köstlich. Es benötigt beim Wachsen wenig Aufmerksamkeit, und Sorten mit kurzen Wurzeln können auf der Terrasse in hohen Töpfen gezogen werden.

> *Tipps* Pastinaken sind mit den Karotten verwandt und keimen langsam. Da sie bei Kälte selten keimen, sollten Sie für die Anzucht aus Samen eine warme Stelle wählen.
>
> • Wenn Sie ein paar Rüben in der Erde belassen, locken ihre Blüten im Frühjahr räuberische Insekten an, z. B. Schwebfliegen.

Beste Sorten *Gladiator F1:* eine frühe Sorte, leicht anzubauen; *Lange Weiße:* eine lange Sorte.
Standort Sonne oder Halbschatten.

Boden Am besten geeignet ist ein tiefgründiger, sandiger und fruchtbarer Boden, aber es gibt auch kurze Sorten, die in steinigen Böden wachsen. Sie bevorzugen feinkrümelige Erde, die mit gut verrottetem Mist vermischt wurde. Keinen frischen Mist verwenden.
Aussaat Vom späten Winter bis Mitte des Frühlings direkt ins Freiland.
Keimdauer 10–28 Tage.
Ausdünnen Wenn die Sämlinge groß genug sind und zu eng stehen, lassen Sie nur die stärksten Pflanzen stehen.
Pflanzabstand Säen Sie in 2 cm tiefe Rillen, die einen Abstand von 20–25 cm zueinander haben. Säen Sie jeweils drei bis vier Samen in einem Abstand von 13–15 cm. Großzügig mit einer feinen Brause gießen.
Von der Aussaat bis zur Ernte 34 Wochen.
Krankheiten und Schädlinge Die Pflanzen werden gelegentlich von der Selleriefliege belästigt, die man zwischen den Fingern zerquetschen kann.
Jäten Hacken Sie regelmäßig und achten Sie darauf, nicht die Kronen der wachsenden Pflanzen zu berühren.
Gießen Da sie feuchte Erde benötigen, sollten Sie während Trockenperioden gießen. Sorgen Sie für gleichmäßige Feuchtigkeit durch weniges Gießen.
Ernten Ernten Sie vom Herbst bis zum zeitigen Frühjahr, wenn die Blätter anfangen abzusterben. Sie können die Größe überprüfen, indem Sie um die Basis herum vorsichtig graben. Ernten Sie nach Bedarf. Lockern Sie behutsam die Erde und ziehen Sie die Wurzel vorsichtig heraus.
Lagern Beschädigte Rüben wegwerfen oder sofort verzehren. Wenn Sie die Pastinaken über einen längeren Zeitraum aufbewahren wollen, entfernen Sie die Erde und schneiden Sie das Laub ca. 1 cm über der Wurzel ab. Schichten Sie sie zwischen Sand in eine Kiste. Sie sollten einander nicht berühren, dann halten sie sich bis zum folgenden Frühjahr. Im Kühlschrank können sie in einer Plastiktüte bis zu zwei Wochen lang aufbewahrt werden.

LINKS: *Pastinaken sind winterhart und leicht anzubauen.*

Radieschen

Die roten, rosa oder weißen knackigen Kugeln sind leicht anzubauen und lecker in Salaten. Radieschen eignen sich dafür, die Lücken zwischen den Reihen von Karotten und Erbsen zu füllen. Auch als Zwischenkultur mit langsamer wachsenden Pflanzen wie Karotten, Pastinaken oder Zwiebeln bieten sie sich an.

Tipps Schnelles Wachstum ist unabdingbar für einen guten Ertrag. Gießen Sie während der Sommermonate gut, damit die Pflanzen saftige Knollen produzieren. Andernfalls besteht die Gefahr, dass sie zäh und holzig werden.

- Verwenden Sie eine Samenmischung verschiedener Radieschensorten, die zu unterschiedlichen Zeiten reif werden.
- Säen Sie nicht zu viele Radieschen auf einmal aus, weil sie sehr schnell wachsen und Samen bilden, wenn sie nicht gegessen werden.

Beste Sorten Scarlet Globe: schnell reifende Sorte; French Breakfast 3: eine beliebte Sorte, lang und mild, wenn sie früh geerntet wird.
Standort Bei Aussaat im Frühjahr bevorzugen sie einen sonnigen Platz, im Sommer benötigen sie etwas Schatten. Wachsen gut zwischen anderem Gemüse, das ihnen ein wenig Schatten spendet.
Boden Radieschen gedeihen auf den meisten Böden, bevorzugen aber durchlässige Böden ohne Steine.
Aussaat Sommersorten: Aussaat ins Freiland im zeitigen Frühjahr oder unter Hauben im späten Winter; Wintersorten: Aussaat im Spätsommer für eine Ernte ab Spätherbst. Dünn in Rillen aussäen.
Keimdauer 4–7 Tage.
Ausdünnen Auf stärkere Sämlinge vereinzeln.
Pflanzabstand Wenn die Sämlinge zu eng stehen, schaffen Sie bei kleineren Sorten einen Abstand von 2,5 cm, bei größeren Sorten von 5–10 cm.

RECHTS: Radieschen gibt es in Rot- und Rosatönen und in Weiß.

Von der Aussaat bis zur Ernte Sommersorten: 3–6 Wochen; Wintersorten: 10–12 Wochen.
Krankheiten und Schädlinge Vögel: Können für junge Sämlinge ein Ärgernis darstellen. Sie können Ihre Radieschen mit Netzen schützen.

Erdfloh: Frisst kleine Löcher in die Blätter. Pflanzen mit einem feinen Netz, das die Käfer nicht durchdringen können, schützen.
Jäten Regelmäßig hacken, um das Unkraut unter Kontrolle zu halten.
Gießen Wässern, wenn der Boden trocken wird.
Ernten Zylindrische Sorten sollten Sie ernten, wenn sie ungefähr so dick sind wie Ihr Daumen, kugelförmige Sorten sollten Sie ausgraben, wenn sie einen Durchmesser von ca. 2,5 cm haben. Lassen Sie die Wintersorten im Boden und ernten Sie sie nach Bedarf. Sie sollten aber die Erdoberfläche mit Stroh schützen.
Lagern Radieschen schmecken am besten, wenn man sie sofort verzehrt. Im Kühlschrank halten sie sich in einem Plastikbeutel bis zu einer Woche, aber Sie müssen sie zuvor abtrocknen.

KOHLGEMÜSE

Zur Familie des Kohls gehören Kopfkohl, Rosenkohl, Brokkoli und Blumenkohl. Sie alle sind sehr nährstoffreich und gesund. Die meisten Kohlarten sind für den Anfänger recht leicht anzubauen. Eine Ausnahme bildet der Blumenkohl, für den man etwas mehr Erfahrung benötigt. Da Kohlgemüse für Vögel und Insekten eine besondere Delikatesse darstellen, sollten Sie eine Vogelscheuche aufstellen oder Ihre Pflanzen mit Netzen bedecken.

Rosenkohl

Diese Kohlart hat einen schlechten Ruf. Vorangehende Generationen haben die Röschen oft so lange gekocht, dass der Geschmack verschwand und nur eine matschige Masse zurückblieb, die nicht mehr dem Gemüse ähnelte, das an der Pflanze wuchs. Rosenkohl ist ein kleines Juwel. Wenn man die Röschen frisch aus dem Garten erntet und richtig gart, sind sie ein Leckerbissen und ein köstliches Wintergemüse. Wenn alle Röschen geerntet sind, kann man den oberen Teil wie Kopfkohl zubereiten.

Beste Sorten *Bosworth F1:* ertragreich und fest; *Rubine:* interessante, rote Sorte, kann ab Spätherbst geerntet werden; *Diablo F1:* eine ertragreiche und beliebte Sorte.
Standort Sonnig und windgeschützt.
Boden Rosenkohl bevorzugt einen festen Boden mit einem pH-Wert von 6–7,5, gedeiht aber in den meisten Böden. Graben Sie im Herbst reichlich gut verrotteten Mist unter.
Aussaat Anfang bis Mitte des Frühlings.
  Säen Sie in Anzuchtschalen oder harken Sie die Beetoberfläche, bis diese eine feine, krümelige Struktur erhält. Ziehen Sie eine 1 cm tiefe Rille, streuen Sie die Samen dünn hinein und bedecken Sie sie mit Erde. Drücken Sie die Erde sanft fest. Verpflanzen Sie die Sämlinge, wenn sie ca. 10–15 cm groß sind. Stützen Sie die Pflanzen mit einem ca. 5×2,5 cm großen Pflock.
Keimdauer 7–12 Tage.
Pflanzabstand Lassen Sie zwischen den Pflanzen und den Reihen einen Abstand von 76 cm, um die Luftzirkulation zu verbessern, das Ernten zu erleichtern und Pilzkrankheiten vorzubeugen, bei einem kleinen Beet von 45 cm.

Tipps In lockeren Böden wächst Rosenkohl nicht gut. Sie müssen fest und humusreich sein.

- Wenn Rosenkohl Frost abbekommt, schmeckt er süßer. Ernten Sie die Röschen also erst nach dem ersten Frost.

- Die Kohlfliege kann zu einer echten Plage werden. Vermeiden Sie es, die Erde vor dem Bepflanzen mit der Grabegabel zu lockern, und drücken Sie sie gut fest, nachdem Sie die Sämlinge eingepflanzt haben. Wenn die Erde während des Wachstums locker wird, drücken Sie sie um die Stängelbasis mit Ihrem Absatz fest.

- Häufen Sie im Herbst um die Stängel Erde, um sie im Winter vor starkem Wind zu schützen.

Von der Aussaat bis zur Ernte Frühe Sorten: 28 Wochen; späte Sorten: 36 Wochen.

Krankheiten und Schädlinge Weiße Fliege: schützen Sie Ihre Kultur mit einem feinen Netz oder Vlies. *Kohlfliege; Blattläuse.*

Jäten Hacken Sie regelmäßig um die Pflanzen herum und zwischen den Reihen, damit kein Unkraut wächst. Rosenkohl verbleibt eine ganze Weile im Boden und sollte nicht mit ihm um die Nährstoffe im Boden konkurrieren müssen.

Gießen Wässern Sie während der Entwicklung der Pflanze und der Trockenperioden gut.

Ernten Obwohl die frühen Sorten bereits vom frühen Herbst an reif sind, sollten Sie sie bis nach den ersten Frösten im Boden lassen, um ihren Geschmack zu maximieren.

Ernten Sie die Röschen, wenn sie fest und walnussgroß sind. Beginnen Sie am unteren Teil und arbeiten Sie sich nach oben. Wenn Sie nach Bedarf pflücken, können Sie von einer Pflanze vom Frühherbst bis zum Beginn des folgenden Frühjahrs ernten.

Lagern Rosenkohl lässt sich nicht besonders gut lagern und wird deshalb am besten frisch nach dem Ernten genossen. Sie können ihn einfrieren, sollten dann aber die Garzeit reduzieren, weil er sonst leicht weich und matschig wird.

RECHTS OBEN: Kleine, dunkelgrüne, köstliche Knöllchen.

RECHTS: Rosenkohl ist eine unterschätzte Kohlart. Pflücken Sie ihn frisch und direkt von der Pflanze, kochen Sie ihn und genießen Sie ihn, solange die Röschen noch leicht knackig sind.

Blumenkohl

Blumenkohl war früher ein ständiger Begleiter des sonntäglichen Bratens und wird oft mit einer Sauce Hollandaise serviert. Die Blumenkohlproduktion ist in den vergangenen Jahren jedoch zurückgegangen, da er von importierten und exotischeren Gemüsesorten verdrängt wurde. Viele Leute haben schlicht vergessen, wie gut Blumenkohl schmeckt. Es gibt inzwischen einen großen Schatz an neuen, inspirierenden Rezepten, die uns Lust auf dieses hübsche Gemüse machen möchten.

Blumenkohl gibt es nicht nur in Weiß: Auch gelbe und sogar violette Varianten sind erhältlich.

Tipps Wenn die Pflanze anfängt zu wachsen, sollten Sie sie mit einem ca. 5 × 2,5 cm großen Pflock stützen.

- Säen Sie die Samen in Anzuchtschalen aus und verpflanzen Sie die Sämlinge ins Freie. So sind sie vor Schnecken geschützt, die die jungen, saftigen Pflänzchen sehr gerne mögen.

- Biegen Sie bei den Sommersorten ein paar Blätter als Sonnenschutz über den Kopf. Im Winter schützen Sie die sich entwickelnden Köpfe, indem Sie ein paar Blätter abbrechen und darüberlegen.

Beste Sorten Igloory; Snow Crown; Grafitt; Romanesco.

Standort Wählen Sie eine sonnige Stelle mit festem Boden. Pflanzen Sie den Blumenkohl nicht in frostgefährdete Bereiche, neben überhängende Bäume oder hohe Hecken. Wintersorten bevorzugen einen sonnigen, aber geschützten Standort, der vor allem vor Nord- und Ostwinden Schutz bietet, Sommersorten einen vollsonnigen und windgeschützten Standort.

Boden Bereiten Sie ihn im Herbst vor und graben Sie viel gut verrottetes organisches Material oder Gartenkompost unter. Blumenkohl benötigt nährstoffreiche, dunkle und feste Böden. Ebnen Sie die Erde mit der Harke ein. Ein lockerer Boden führt zu schlechter Wurzelentwicklung. Deshalb sollten Sie stets überprüfen, ob die Erde nicht locker wird, und sie bei Bedarf mit dem Absatz um die Pflanzen herum behutsam festdrücken.

Aussaat Säen Sie im Frühsommer, um im folgenden Frühling zu ernten, und in der Mitte des Frühlings, wenn Sie im Sommer und Herbst ernten wollen. Halten Sie sich an das auf dem Samenpäckchen angegebene Aussaatdatum. Säen Sie in Saatschalen, und zwar je zwei oder drei Samen zusammen. Mit gesiebter Erde bedecken und mit einer feinen Brause angießen.

Keimdauer 7–12 Tage.

Ausdünnen Vereinzeln Sie die Sämlinge, wenn sie fünf bis sechs Blätter besitzen. Harken Sie den Boden, damit die Erde flach und eben ist, und drücken Sie sie behutsam fest.

Nach dem Pflanzen gießen. Mulchen Sie die Pflanzen drei Wochen nach dem Pflanzen mit gut verrottetem Mist oder Kompost und gießen Sie sie anschließend durchdringend.

Pflanzabstand Lassen Sie einen Abstand von 30 cm zwischen den Pflanzen.

Von der Aussaat bis zur Ernte Sommer- und Herbstsorten: 18–24 Wochen; Wintersorten: 40–50 Wochen.

Krankheiten und Schädlinge Kohlfliege: Neben dem Blumenkohl angebauter Knoblauch oder Schnittlauch schreckt diese Schädlinge ab.

Weiße Fliege: Bedecken Sie die jungen Pflanzen mit einem feinmaschigen Netz, um sie vor diesem Schädling und auch vor Tauben (s. u.) zu schützen.

Tauben: Wenden Sie dieselbe Schutzmaßnahme an wie bei der weißen Fliege (s. o.).

Schnecken; Raupen; Kohlhernie.

Jäten Entfernen Sie Unkraut regelmäßig behutsam von Hand oder mit der Hacke.

Gießen Blumenkohl darf niemals austrocknen, vor allem nicht, wenn die Pflanzen jung sind, weil sie sonst nur kleine Köpfe ausbilden.

Ernten Um einen Überfluss an Blumenkohl zu vermeiden, sollten Sie mit der Ernte bereits beginnen, wenn die Köpfe noch klein sind. Schneiden Sie die Köpfe ab, bevor die Röschen sich zu trennen beginnen. Ernten Sie am Morgen, im Winter sollten Sie bis zum Mittag warten.

Lagern Blumenkohl lässt sich bis zu drei Wochen lang aufbewahren, wenn man die Pflanze mit der Wurzel aus der Erde hebt, die Erde abschüttelt und sie kopfüber im Kühlen aufhängt. Gelegentlich mit Wasser besprühen. Im Kühlschrank hält sie sich in einer Plastiktüte bis zu zwei Wochen.

UNTEN: *Blumenkohlköpfe verbergen sich unter einer Decke aus gebogenen Blättern, die sie während des Wachstums schützt.*

Der Küchengarten

Grünkohl

Grünkohl ist traditionell ein Gemüse für kälteres Klima und wird schon seit Jahrhunderten angebaut. Er ist nicht nur schmackhaft, sondern auch nahrhaft, weil er eine gute Quelle für die Vitamine A, C und E ist. Die Blätter sollten gepflückt werden, wenn sie jung und zart sind, weil die größeren, älteren Blätter bitter schmecken können.

Grünkohl ist ein so attraktives Gemüse, dass er im Garten oft neben Zierpflanzen angebaut wird. Wenn Sie die jungen, zarten Blätter abschneiden, wird die Pflanze buschiger. Auch wächst sie von innen nach, so dass sie das ganze Jahr über gut gedeiht.

> **Tipps** Entfernen Sie alle gelb werdenden Blätter von der Pflanzenbasis, denn das unterstützt die Luftzirkulation – wichtig gegen Schädlinge und Krankheiten.
>
> • Im Winter sehen die Pflanzen oft schlaff und unattraktiv aus: Im Frühling werden sie schnell frische neue Triebe entwickeln.
>
> • Grünkohl bevorzugt kalte Temperaturen und wird durch einen Hauch Frost süßer.

Beste Sorten *Grüner Krauser; Red Bor; Cavolo Nero; Red Russian.*
Standort Grünkohl ist anpassungsfähiger als die meisten anderen Kohlsorten und verträgt ein bisschen Schatten. Er ist winterhart, und durch ein wenig Frost wird sein Geschmack sogar noch verbessert.
Boden Grünkohl wächst auf allen Böden gut, aber ein wenig gut verrotteter Mist oder Kompost ist hilfreich.
Aussaat Säen Sie krausblättrigen Grünkohl in der Mitte des Frühlings, um im folgenden Winter zu ernten; Sorten mit weniger gekräuselten oder glatten Blättern sät man im späten Frühling.

Das Beet muss nicht umgegraben werden – harken Sie einfach vor dem Aussäen über die Erde, um eine feinkrümelige Struktur zu erhalten. Ziehen Sie eine 1 cm tiefe Rille und streuen Sie die Samen hinein. Verwenden Sie ein Beet, auf dem zuvor Erbsen, Frühkartoffeln oder Sommerkulturen gezogen wurden.
Keimdauer 7–12 Tage.
Ausdünnen Verpflanzen Sie die Sämlinge, wenn sie 6–8 Wochen alt bzw. ca. 10–15 cm groß sind. Gießen Sie die Sämlinge vor und nach der Versetzung an ihren endgültigen Standort gründlich.
Pflanzabstand Vereinzeln Sie die Sämlinge auf einen Abstand von 7,5 cm zueinander und 45 cm zwischen den Reihen.
Von der Aussaat bis zur Ernte 30–35 Wochen.
Krankheiten und Schädlinge Grünkohl ist gegen die meisten Krankheiten und Schädlinge resistent, aber *Blattläuse, Weiße Fliegen* und die *Raupen des Kohlweißlings* könnten Probleme bereiten.
Jäten Hacken Sie vorsichtig um die Stängel herum und entfernen Sie alle abgestorbenen Blätter von den unteren Stängeln.
Gießen In trockenen, heißen Zeiten gründlich gießen, in kühleren Perioden ungefähr alle 10 Tage.
Ernten Vom Herbst bis zur Frühlingsmitte können Sie mit einem scharfen Messer durchgehend junge Blätter ernten, und zwar immer nur ein paar auf einmal. Wenn man ab Spätherbst die Kronblätter pflückt, regt das das Wachstum der Seitentriebe an, die dann ab dem Frühjahr geerntet werden können. Grünkohl schmeckt am besten, wenn man ihn jung und zart erntet. Werfen Sie alte Blätter fort, weil die zäh sind und bitter schmecken können.
Lagern Für den besten Geschmack sollte Grünkohl direkt nach der Ernte genossen werden. Er hält sich im Kühlschrank ein paar Tage lang, wird aber, je länger man ihn aufbewahrt, immer bitterer und geschmacksintensiver. Lassen Sie die Blätter nach Möglichkeit an der Pflanze, bis Sie sie brauchen.

LINKS: *Grünkohl ist nicht nur etwas fürs Gemüsebeet: Die gekräuselten Blätter verleihen dem Beet auch Freude und Schönheit.*

Der Küchengarten

Kopfkohl

Auch Kopfkohl hat im Lauf der Jahre nicht gerade den besten Ruf genossen. Wenn man sich an das in Schulkantinen halb zu Tode gekochte Gemüse und an den in den Küchen unserer Eltern hängenden Kohlgeruch erinnert, ist das nicht weiter verwunderlich. Inzwischen gibt es jede Menge interessanter Sorten, die in der Küche vielfältig Verwendung finden: für Pfannengerichte, als warmer Wintersalat, zum Füllen oder Überbacken.

Kopfkohl ist sehr gut für die Gesundheit, weil er viel Vitamin C und Antioxidantien enthält. Er schmeckt zwar am besten frisch nach der Ernte, lässt sich aber auch gut lagern. Er kann das ganze Jahr über geerntet werden, gedeiht gut in feuchtem, kaltem Klima und wird geschätzt, weil man ihn zu einer Zeit des Jahres anbauen kann, zu der frisches Gemüse aus dem Garten rar ist. Er benötigt viel Platz im Beet, aber er ist sehr widerstandsfähig und in vielen verschiedenen Farben und mit unterschiedlich strukturierten Blättern erhältlich. Geben Sie ihm eine Chance!

Beste Sorten *Savoy Ace F1* (Wirsing); *January King* (rötliche Blätter); *Filderkraut* (Weißkohl); *Ruby Perfection* (Rotkohl).

Standort Sonnig. Kopfkohl wächst in den meisten gemäßigten Klimazonen.

> **Tipps** Säen Sie nicht zu viele Samen auf einmal aus, sondern ziehen Sie lieber alle paar Wochen eine kurze Reihe.
> - Drücken Sie alle Pflanzen fest, bei denen sich im Winter durch Frost oder Wind die Erde gelockert hat.
> - Legen Sie um die Stängel der Pflanzen eine Manschette, um sie vor Kohlfliegen zu schützen.
> - Als Schutz vor Frost und Wind können Sie die Erde um die Pflanzen etwas anhäufen.
> - Entfernen Sie alle abgestorbenen Blätter, sowie Sie sie entdecken.

Boden Um Kopfkohl anzubauen, sind die meisten Böden geeignet, aber wie bei allen Kohlsorten ist auch hier die Kohlhernie ein potenzielles Problem. Bei der Abwehr dieser Krankheit ist der pH-Wert des Bodens ein wichtiger Faktor. Der ideale Wert liegt bei 6–7,5. Sie sollten also nach Möglichkeit den pH-Wert Ihres Bodens überprüfen (Seite 21) und bei Bedarf Kalk hinzufügen, um den pH-Wert zu erhöhen.

Kopfkohl bevorzugt mittelschwere bis leichte Böden, die Wasser speichern. Harken Sie die Oberfläche der Erde glatt. Kopfkohl benötigt feste Erde. Deshalb drücken Sie die Erde behutsam fest, wenn die Pflanzen in der Erde sind.

Aussaat Kopfkohlsorten sind nach Jahreszeiten eingeteilt. Entnehmen Sie die empfohlene Aussaatzeit dem Samenpäckchen.

Sommersorten: Aussaat vom Spätwinter bis zum zeitigen Frühjahr; Herbstsorten: zeitiges bis spätes Frühjahr; Wintersorten: zu Beginn des Sommers; Frühlingssorten: Hoch- bis Spätsommer.

Aussaat im Freien sehr dünn in 1 cm tiefe Rillen. Bei Vorkultur streut man die Samen über die Anzuchtschale und lässt zwischen den Samen einen Fingerbreit Abstand. Bedecken Sie die Samen mit feiner Erde, gießen Sie sie und stellen Sie die Schale an einen sonnigen Ort. Die Erde sollte feucht sein.

Keimdauer 7–12 Tage.

Pflanzabstand In Reihen mit 15 cm Abstand.

Ausdünnen Wenn die Sämlinge groß genug sind und fünf bis sechs Blätter haben, pflanzt man sie in Reihen mit einem Abstand von ca. 7,5 cm zueinander. Gießen Sie die Wurzeln gründlich und drücken Sie die Erde um die Pflanzen herum fest.

Wenn die Sorte große Köpfe ausbildet, lassen Sie einen Abstand von ca. 30–45 cm zwischen den Pflanzen. Frühlingssorten vereinzelt man auf ca. 10 cm in Reihen mit ca. 30 cm Abstand.

Von der Aussaat bis zur Ernte Frühlingssorten: 35 Wochen; Sommer-/Wintersorten: 10 Wochen.

Krankheiten und Schädlinge Vögel: Ein Problem, wenn die Pflanzen noch jung sind. Bedecken Sie Ihr Kohlbeet mit Vlies, um die Pflänzchen sowohl vor Vögeln als auch vor Raupen zu schützen.

Raupen: Der Kohlweißling legt seine Eier an den Blättern ab und seine Raupen fressen die Blätter.

Kohlfliege; Kohlhernie.

Jäten Da die Kohlköpfe eine ganze Weile im Boden bleiben, ist es sehr wichtig, regelmäßig um die Pflanzen herum zu hacken. Eine Schicht Kompost um die Pflanzen herum, die die Pflanzen nicht berührt, speichert Feuchtigkeit und verhindert, dass Unkräuter überhand nehmen.

Gießen Wenn die Pflanzen unregelmäßig mit Feuchtigkeit versorgt werden, können die Köpfe platzen. Sie sind sehr widerstandsfähig und können einige Zeit ohne Wässern auskommen; ungefähr alle 10 Tage kann als Richtwert gelten. Geben Sie ihnen extra Wasser, wenn es heiß und trocken ist, und Flüssigdünger, wenn sich die Köpfe ausbilden.

Ernten Wenn das Herz der Kohlköpfe fest ist, können Sie sie nach Bedarf mit einem scharfen Messer ernten. Schneiden Sie bei Frühlings- und Sommersorten den Strunk kreuzförmig ein, um noch einmal kleinere Kohlköpfe zu ernten.

Lagern Schneiden Sie Wurzeln, Stängel und die äußeren Blätter ab. Wenn man die Kohlköpfe in einer mit Stroh ausgelegten Kiste an einem kühlen, trockenen Ort aufbewahrt, halten sie sich bis zum zeitigen Frühjahr.

UNTEN: *Ein leicht anzubauendes Mitglied der Kohlfamilie und höchst willkommen, wenn das Angebot an Gartenfrüchten gering ist.*

Brokkoli

Brokkoli ist ein Super-Nahrungsmittel. Studien haben ergeben, dass bei Männern, die öfter als einmal die Woche Brokkoli zu sich genommen haben, das Risiko, an Prostatakrebs der Stufe 3 und 4 zu erkranken, um 45 % reduziert ist. Drusus, der Sohn des römischen Kaisers Tiberius, schlemmte einen ganzen Monat lang ausschließlich Brokkoli, wodurch sich sein Urin leuchtend Grün färbte. Daraufhin wurde er von seinem Vater wegen seines – wie er es nannte – unsicheren Lebenswandels ermahnt.

Brokkoli ist ein winterhartes Gemüse und für den Anbau in kaltem Klima großartig geeignet, weil es Hagel, Regen und Schnee gut standhält. Die Köpfe aus eng zusammenstehenden unreifen Blüten werden gegessen, bevor sich die Blüten öffnen. Es gibt drei Arten: Calabrese, der im Herbst geerntet wird, sowie violetten und weißen Brokkoli, die im folgenden Frühjahr geerntet werden. Die Sorten des Typs Calabrese sind grün und bilden runde Köpfe; die violetten und weißen Sorten erinnern an einen Baumstamm, der von Blättern bekrönt wird. Eine für den Hausgarten häufig gewählte Sorte ist violetter Sprossen-Brokkoli, weil dies der widerstandsfähigste ist. Alle Brokkolisorten sind ertragreich und perfekt dafür geeignet, die Lücken zwischen Rosenkohl oder Kopfkohl zu füllen.

Tipps Der Untergrund muss fest sein, weil lockere Erde schlechtes Wurzelwachstum verursacht.

• Brokkoli und anderes Kohlgemüse gedeihen am besten im Kartoffelbeet des Vorjahres.

Beste Sorten Calabrese – *Natalino;* violetter Brokkoli – *Violetto di Sicilia;* weißer Sprossen-Brokkoli – *Early* oder *Late*.

Da es zwischen den verschiedenen Brokkolisorten große Unterschiede in Aussaat- und Erntezeiten gibt, sollten Sie die Angaben auf den Samenpäckchen beachten.

Standort Brokkoli bevorzugt einen vollsonnigen Standort, erträgt aber auch Halbschatten. Da Brokkoli normalerweise den Winter über in der Erde bleibt, sollten Sie Senken meiden, wo sich Staunässe bilden kann.

Boden Brokkoli bevorzugt nährstoffreiche Böden. Graben Sie im Herbst gut verrotteten Mist oder hochwertiges organisches Material unter. Um Kohlhernie zu vermeiden, muss der Boden alkalisch sein (pH-Test siehe Seite 21).

Aussaat Frühe Sorten in der Mitte des Frühlings, späte Sorten im Frühsommer.
Da Calabrese sich nicht gut verpflanzen lässt, sollte er an Ort und Stelle ausgesät werden. Harken Sie über die Oberfläche, um eine feinkrümelige Struktur zu erhalten. Ziehen Sie eine 1 cm tiefe Rille. Streuen Sie die Samen dünn hinein und bedecken Sie sie mit Erde. Drücken Sie die Erde behutsam fest.

Keimdauer 7–10 Tage.

Pflanzabstand Dünnen Sie auf 7,5 cm Abstand aus. Lassen Sie zwischen Pflanzen des Typs Calabrese 30 cm, zwischen violettem und weißem Brokkoli 45 cm Abstand. Der große Pflanzabstand sorgt für viel Luftzirkulation.

Ausdünnen Gießen Sie vor dem Verpflanzen von violetten und weißen Sorten das Saatbeet. Vereinzeln Sie die Sämlinge, wenn sie eine Größe von ca. 10–15 cm erreicht haben. Ebnen Sie die Erde ein und drücken Sie sie behutsam fest. Nach dem Verpflanzen gießen.

Von der Aussaat bis zur Ernte Calabrese: 12 Wochen; violetter und weißer Brokkoli: 44 Wochen.

Krankheiten und Schädlinge Schnecken: Können im Anfangsstadium ein Problem sein.

Tauben und andere Vögel: Versuchen Sie, Ihre Sämlinge mit einem feinmaschigen Netz zu schützen, solange die Blättchen noch jung und zart sind.

Raupen: Ein häufiges Problem. Überprüfen Sie die Blätter regelmäßig auf verräterische Löcher.

Weiße Fliege: Sie kann sich auf der Blattunterseite entwickeln. Besprühen Sie die Pflanzen entweder mit Schmierseife oder verwenden Sie Derris-Pulver.

Kohlhernie: Ein häufiges Problem bei allen Kohlarten.

Jäten Entfernen Sie regelmäßig Unkraut, sobald es auftaucht.

Gießen Gießen Sie den Brokkoli bei trockenem Wetter und mulchen Sie, um die Erde feucht zu halten. Wässern ist besonders wichtig, wenn sich die Köpfe bilden.

Ernten Ernsten Sie den Brokkoli, bevor sich die Blütenknospen geöffnet haben, sonst schmeckt er holzig. Schneiden Sie den mittleren Trieb ab, der einen Kopf ausgebildet hat. Brokkoli sollte ungefähr auf halber Höhe des Stängels abgeschnitten werden. Ernten Sie in einem Zeitraum von sechs Wochen regelmäßig, um eine kontinuierliche Ernte zu gewährleisten.

Lagern In einer Plastiktüte hält er sich im Kühlschrank bis zu drei Tage. Brokkoli lässt sich gut einfrieren. Zuvor blanchieren, abgießen, abkühlen lassen.

UNTEN: *Dieses bemerkenswerte Gemüse ist voller Vitamine, leicht anzubauen und köstlich.*

HÜLSENFRÜCHTE

Zu dieser Familie gehören Erbsen, Dicke Bohnen, Garten- und Feuerbohnen, die Schoten ausbilden. Die Früchte bzw. Samen darin werden entweder frisch verzehrt oder zur Aufbewahrung getrocknet. Auch Linsen und Sojabohnen gehören zu dieser Gruppe. Sie sind alle leicht anzubauen, aber ein paar von ihnen benötigen ein Gerüst aus Zweigen oder Stöcken als Stütze.

Erbsen

Die prallen Erbsenschoten zu öffnen, damit die Samenkugeln zum Vorschein kommen, hat etwas sehr Befriedigendes. Kindern macht das besonderen Spaß – eine ausgezeichnete Möglichkeit, Kinder über die Kunst, Gemüse anzubauen, aufzuklären.

Erbsen waren das erste Gemüse, das in Dosen konserviert wurde, aber heutzutage werden sie meist tiefgefroren gekauft. Sobald Erbsen gepflückt werden, beginnt ihr Zucker, sich in Stärke umzuwandeln, und die Erbsen verlieren ihre Zartheit. Deshalb werden sie am besten frisch gegessen und schnell gekocht, um den köstlich süßen Geschmack zu erhalten. Zuckererbsensorten können mit der Schote genossen werden.

Erbsen sind leicht anzubauen und werden am besten satzweise ausgesät, mit einem Abstand von einer oder zwei Wochen, um eine Schwemme zu vermeiden.

Wenn allerdings das Wetter plötzlich heiß wird, werden doch alle zur selben Zeit reif und Sie müssen sich schnell Erbsen-Rezepte ausdenken oder sie sofort nach der Ernte tiefkühlen. Erbsen gedeihen auch gut in Pflanzgefäßen.

Die verschiedenen Erbsensorten sind nach ihrer Reifezeit eingeteilt: Frühe Sorten benötigen ca. 12 Wochen bis zur Reife, mittelfrühe Sorten sogar ca. 13–14 Wochen und späte Sorten 15–16 Wochen.

Beste Sorten *Grandera:* sehr ertragreiche und beliebte Sorte; *Evita:* sehr ertragreich, mit dunkelgrünen Hülsen; Zuckererbse – *Sugar Bon:* hoch und kräftig, mit hohen Erträgen; Kaiserschote – *Oregon Sugar Pod:* bildet flache Schoten, die mitverzehrt werden.

Standort Bevorzugt sonnig.

Boden Frühe Sorten mögen warme, trockene Erde, späte Sorten nährstoffreiche, feuchtigkeitsspeichernde Erde.

Aussaat Je nach Sorte vom zeitigen Frühjahr bis Mitte Juni.

Säen Sie direkt ins Freiland in wöchentlichen oder zweiwöchentlichen Abständen in 5 cm tiefe Rillen in Reihen mit einem Abstand von 38–120 cm. Reichlich Platz zwischen den Reihen fördert die Luftzirkulation und erleichtert das Jäten. Sofort nach der

---

Tipps Erbsen sind Kletterpflanzen und können bis zu 2 m hoch werden. Unterstützen Sie sie mit Zweigen oder kleinen Ästen. Stellen Sie die Rankhilfe auf, sobald die Sämlinge ca. 7,5 cm groß sind.

• Schneiden Sie die Pflanze nach der Ernte am Boden ab. Die kleinen weißen Knötchen an den Wurzeln stecken nämlich voller Stickstoff bindender Bakterien und versorgen den Boden mit wertvollem Stickstoff für die nächste Kultur.

Aussaat müssen Sie die Samen vor Vögeln und Mäusen mit verzweigten Ästen, Netzen, Vlies oder Maschendraht schützen.

Pflanzabstand Innerhalb der Reihe 13–15 cm.

Keimdauer 7–10 Tage.

Von der Aussaat bis zur Ernte Herbstsaat: 32 Wochen; Frühlingssaat: 12–16 Wochen.

Krankheiten und Schädlinge Vögel und Mäuse: Beide fressen junge Triebe, wenn sie nicht geschützt werden.

Schnecken: Auch die haben es auf junge Triebe abgesehen. Deshalb ist die Rankhilfe wichtig, um die Triebe schnellstmöglich vom Boden weg nach oben zu leiten.

Echter Mehltau: Ein häufiges Problem im Spätsommer; es gibt resistente Sorten.

Thripse: Hinterlassen einen silbrigen Belag auf der Schote. Befallene Schoten pflücken und vernichten.

Jäten Entfernen Sie regelmäßig Unkraut, ohne die Pflanzen dabei zu beschädigen.

Gießen Erbsen sind sehr durstige Pflanzen. Halten Sie die Erde gut gewässert, vor allem während Trockenperioden, und mulchen Sie um die Pflanzenbasis mit gut verrottetem Mist.

Ernten Wenn sich die Schoten prall anfühlen, ernten Sie alle zwei, drei Tage mit einem scharfen Messer oder einer Schere. Das regt die Entwicklung neuer Schoten an. Beginnen Sie unten und arbeiten Sie sich nach oben. Wenn die Erbsen überreif sind, sollten Sie sie pflücken, um Platz für neue Schoten zu machen.

Zuckererbsen werden geerntet, wenn sie ca. 7,5 cm lang sind.

Lagern Erbsen werden am besten sofort gegessen, aber wenn Sie sie aufbewahren müssen, frieren Sie sie ein. Im Kühlschrank halten sie sich in einem verschlossenen Plastikbeutel bis zu einer Woche.

RECHTS: *Um den süßen Geschmack genießen zu können, sollten Erbsen direkt nach der Ernte gegessen werden.*

Der Küchengarten

Dicke Bohnen

Dicke Bohnen sind das perfekte Gemüse für den Anfänger, weil sie nur wenig Hilfe benötigen, um zu wachsen. Sie bilden weiße Blüten und locken eine Reihe von bestäubenden Insekten an. Wenn die Blüten verwelken, entwickeln sich dicke, glänzende Schoten. Die Bohnenkerne sind die Samen der Pflanze und können roh oder gekocht gegessen werden.

Die Dicke Bohne gehört zu den Kulturen, die am frühesten angepflanzt werden können: Man kann sie im Herbst säen und gegen Ende des Frühlings ernten. Wenn die Pflanzen ca. 15 cm groß sind, stecken Sie ein paar Stöcke in die Erde und spannen Sie Schnur dazwischen (siehe Seite 86). Wenn die Bohnen größer werden, können sie an der Schnur als Stütze angebunden werden.

Tipps Wenn die ersten Schoten am unteren Teil der Pflanze erscheinen, zwicken Sie die obersten Triebe aus. Dadurch konzentriert die Pflanze ihre Energie auf die Bildung der Schoten.

- Wenn die Pflanze abgeerntet ist, graben Sie sie als wertvolle Gründüngung unter.

Beste Sorten Viele Sorten der Dicken Bohne existieren schon seit mehr als 100 Jahren, was bedeutet, dass sie stabil, verlässlich und schädlingsresistent sind. Versuchen Sie einmal *Bunyard's Exhibition*.

Eine häufig angebaute Sorte ist *The Sutton*. Das ist eine Zwergsorte, die normalerweise keine Rankhilfe benötigt und für eine Aussaat im Herbst verwendet werden kann. Auch *Piccola, Hangdown* und *Perla* sind empfehlenswert.

Standort Einigermaßen sonnig und windgeschützt. An der Stelle sollten im Vorjahr keine Bohnen angebaut worden sein. Ehemalige Kartoffelbeete sind als Anbauflächen am besten geeignet. Versuchen Sie nach Möglichkeit, bei schönem Wetter auszusäen, weil die Pflanzen anhaltend schlechtes Wetter nicht mögen. Sie können jedoch bei vergleichsweise kaltem Wetter (bis 2 °C) angepflanzt werden.

Boden Vorzugsweise nährstoffreich und schwer, aber Dicke Bohnen wachsen in den meisten Böden gut. Reichern Sie die Erde vor dem Bepflanzen mit Kompost oder gut verrottetem Mist an.

Aussaat Bei Vorkultur im Haus säen Sie einen Samen pro Topf. In Rillen im Freiland lassen Sie einen Abstand von 20 cm. Dicke Bohnen können im Herbst ins Freie für eine Frühjahrsernte gesät werden, wenn Sie eine winterharte Sorte wählen – aber nur an einer geschützten Stelle. Sie können auch im zeitigen Frühjahr je nach Wetterlage drinnen oder draußen für die Sommerernte aussäen. Bevor Sie die Sämlinge vom Gewächshaus ins Freie verpflanzen, sollten Sie sie abhärten.

Keimdauer 7–14 Tage.

Pflanzabstand In 5 cm tiefe Rillen in einem Abstand von 20 cm. Der Abstand zur nächsten Reihe sollte 20 cm betragen.

Von der Aussaat bis zur Ernte Ca. 14 Wochen.

Krankheiten und Schädlinge *Schwarze Bohnenläuse:* Mögen die Triebe der Dicken Bohne.

Blattläuse: Wenn Sie die entdecken, sollten Sie die Triebspitzen der Pflanzen auszwicken. Versuchen Sie eine Mischkultur mit Tagetes. Auch Kapuzinerkresse lockt die Blattläuse von den Bohnen weg. Marienkäfer sind sehr nützlich, weil sie Blattläuse fressen. Versuchen Sie also, diese wenn möglich zu begünstigen.

Dickmaulrüssler: Wenn die Ränder junger Blätter halbkreisförmig eingeschnitten sind, mag das der Hinweis darauf sein, dass Rüsselkäfer daran knabbern.

Jäten Hacken Sie regelmäßig, um das Unkraut unter Kontrolle zu halten – vor allem bei jungen Pflanzen.

Gießen Nicht nötig, bis die Blüten erscheinen. Wenn es eine Trockenperiode gibt und die Schoten bereits da sind, sollten Sie die Pflanzen ordentlich wässern.

Ernten Dicke Bohnen werden am besten geerntet, wenn man die Kerne in den Schoten ertasten kann. Lassen Sie sie nicht wachsen, bis sie ihre maximale

Größe erreicht haben, sie werden zäh. Beginnen Sie mit der Ernte, wenn die Schoten 5–7,5 cm lang sind und kochen Sie sie im Ganzen. Pflücken Sie die Bohne zum Enthülsen, bevor die Narbe auf der Bohne farblos oder schwarz wird; sie sollte weiß oder grün sein. Pflücken Sie mit einer drehenden Bewegung nach unten und möglichst bei trockenem Wetter. Wenn Sie die Bohnen weiterwachsen lassen, bis sie absterben, können Sie die Samen für die Aussaat im nächsten Jahr verwenden.

Lagern Vor dem Einfrieren drei Minuten lang blanchieren, abgießen und abkühlen lassen. Frische Bohnen halten sich in einem Plastikbeutel im Kühlschrank bis zu einer Woche.

UNTEN: *Dicke Bohnen sehen im Gemüsegarten sehr dekorativ aus. Sie besitzen kleine weiße Blüten, die Bienen anlocken.*

Eine Rankhilfe für Dicke Bohnen bauen

Dicke Bohnen können über 1 m hoch werden und müssen gestützt werden. Unter dem Gewicht der Früchte können die Stängel brechen. Es gibt verschiedene Methoden, ein Stützgerüst zu bauen. Es hängt davon ab, wie viele Pflanzen es sind und ob es eine Reihe oder mehr gibt. Die Schnur muss straff gespannt sein, um die Stäbe gerade zu halten. Verwenden Sie auf jeder Seite einer Reihe ein Stück Schnur.

1 Stecken Sie an jedem Ende einer Reihe und in der Mitte einen geeigneten, stabilen Stock in die Erde.

2 Befestigen Sie an einem der Stäbe Schnur in Abständen von 15 cm, beginnend in 15 cm Höhe vom Boden.

3 Führen Sie die Schnur an der Außenseite der Pflanzen zum mittleren Stab, damit sie nach innen gestützt werden.

4 Wickeln Sie die Schnur um den Stab, gehen Sie zum dritten Stab weiter, um den Sie die Schnur wickeln, und führen Sie sie zurück zum ersten Stab. Befestigen Sie die Schnur mit einem Knoten.

5 Wenn die Pflanzen wachsen, können Sie sie stützen, indem Sie die Stängel an der Schnur festbinden.

Gartenbohnen

Außer in Grün gibt es die Gartenbohne noch in Gelb, Violett und Creme. Sie wird normalerweise im Ganzen gegessen, aber wenn Sie die Schoten reifen lassen, bilden sich im Inneren frische weiße Bohnenkerne. Da Gartenbohnen hauptsächlich in die Höhe wachsen, lassen sie sich auch bei geringem Platzangebot kultivieren. Hochwachsenden Sorten werden Sie ein Wigwam aus Stöcken bauen oder eine andere Stütze anbieten müssen. Niedriger wachsende Sorten können mit Zweigen oder Erbsenstöcken gestützt werden.

Gartenbohnen wachsen bei kühlem Wetter langsam und sind anfällig für Schneckenangriffe. Deshalb ist es weitaus besser, sie gegen Ende des Frühlings oder zu Beginn des Sommers drinnen vorzuziehen, wo sie eine größere Chance haben, schnell und hoch zu wachsen. Dadurch vermeidet man die Schnecken, wenn die Sämlinge einmal ins Freie verpflanzt werden.

> *Tipps* Schützen Sie die junge Pflanze im Freiland mit einem Vlies oder einer Haube, weil sie nicht frostresistent ist und warme Erde bevorzugt.
>
> • Um zu vermeiden, dass Vögel die jungen Sämlinge herausziehen, sollten Sie die Pflänzchen mit Zweigen umgeben.
>
> • Mulchen Sie die Pflanzen für mehr Stabilität um die Stängel herum.
>
> • Bauen Sie den Pflanzen ein Stützgerüst (siehe gegenüberliegende Seiten), wobei Sie eine Pflanze pro Stab bzw. Pfosten pflanzen. Kletternde Sorten ranken auch an Spalieren hinauf.

Beste Sorten *Dublette; Primavera; Borlotto rosso.*
Standort Wählen Sie eine sonnige, geschützte Stelle. Die Pflanzen können hoch werden, deshalb benötigen sie Windschutz.
Boden Leichte, nährstoffreiche Böden.
Aussaat Frühe Sorten: Aussaat in der Mitte oder gegen Ende des Frühlings; späte Sorten: Ende des Frühlings bis Anfang des Sommers.

Ziehen Sie die Samen im Haus vor. Säen Sie zwei Samen pro Topf, 5 cm tief. Verpflanzen Sie die Sämlinge, wenn sie 7,5 cm groß sind.
Keimdauer 7–14 Tage.
Pflanzabstand 10 cm zwischen den Pflanzen und 45 cm zwischen den Reihen.
Von der Aussaat bis zur Ernte 8–12 Wochen.
Jäten Halten Sie das Unkraut durch Hacken fern, besonders während des frühen Wachstums. Schnecken verstecken sich unter nahem Unkraut.
Krankheiten und Schädlinge *Schnecken* und *Vögel* greifen die jungen Pflanzen an.
Gießen Die Wurzeln sollten immer feucht gehalten werden. Gießen Sie gründlich und regelmäßig.
Ernten Wenn die Schoten fest und 10 cm lang sind, brechen Sie sie sauber von der Pflanze ab. Halten Sie dabei die Stängel fest, sonst könnten Sie die Pflanze beschädigen. Pflücken Sie oft, um die Schoten am Reifen zu hindern und um die Bildung neuer Schoten anzuregen.
Lagern Gartenbohnen halten sich in einem Plastikbeutel im Kühlschrank bis zu einer Woche. Oder blanchieren, abgießen, abkühlen lassen und tiefkühlen.

UNTEN: *Wenn Sie violette Bohnen zubereiten, bleibt mit einem Schuss Essig im Kochwasser die Farbe erhalten.*

Feuerbohnen

Feuerbohnen sind äußerst beliebt und ein typischer Bestandteil des Küchengartens. Sie produzieren nicht nur eine üppige Ernte, sondern sehen mit ihren hübschen Blüten und den herabhängenden Schoten im Sommer über eine lange Zeit auch wunderbar attraktiv aus. Die hochwachsenden Sorten sind sehr fruchtbar und benötigen für ihren üppigen Wuchs Stützen. Zwergsorten werden im Allgemeinen früher reif.

Feuerbohnen schmecken köstlich, wenn sie direkt nach dem Ernten in leicht gesalzenem, kochendem Wasser gegart und nur mit einem Stückchen Butter serviert werden. Bei reiferen Bohnen befinden sich oft an den Seiten harte Fäden, die vor dem Zubereiten entfernt werden müssen.

Beste Sorten *Desiree; Scarlet Emperor; White Lady; Hestia.*

Tipps Es ist sehr verführerisch, eine lange Reihe von Feuerbohnen zu pflanzen, aber um eine Schwemme zu vermeiden, sollte man nur eine begrenzte Anzahl anpflanzen.

- Wenn Ihre Feuerbohnen besonders üppig aussehen sollen, setzen Sie zwei Pflanzen pro Stützstab.
- Zwicken Sie die Triebspitzen ab, wenn die Pflanzen 60 cm bzw. 1,2 m hoch sind, um das Wachstum der produktiven Seitentriebe zu fördern.
- Halten Sie die Schoten kleinwüchsiger Sorten mit verzweigten Stöcken vom Boden weg.
- Eine alte Weisheit besagt, dass man Feuerbohnen immer zweimal im Mai sieht. Soll heißen: Ist die Aussaat Anfang Mai, sollten sie bis Ende Mai durch die Erde brechen.
- Vor allem während Trockenperioden kann es manchmal beim Ansetzen der Schoten zu Problemen kommen. Gießen Sie die Blüten, um die Schotenbildung auszulösen.

Standort Sonnig und windgeschützt. Sie sollte keine anderen Pflanzen beschatten.

Boden Vor dem Anpflanzen empfiehlt sich eine Bodenverbesserung. Graben Sie ein paar Monate vorher Kompost oder gut verrotteten Mist unter. Sie können aber auch an der Stelle, wo die Feuerbohnen gepflanzt werden sollen, einen Graben ausheben, Kompost oder Mulch hineingeben, mit Erde bedecken und dort die Samen säen oder die Sämlinge pflanzen. Dadurch bleibt die Erde länger feucht und wird mit Nährstoffen angereichert.

Aussaat Nach Möglichkeit geschützte Vorkultur Mitte/Ende des Frühlings. Säen Sie zwei Samen pro Topf, 5 cm tief. Verpflanzen Sie die 7,5 cm hohen Sämlinge. Wenn Sie direkt im Freien säen, warten Sie bis nach dem Frost. Säen Sie die Samen 5 cm tief mit einem Abstand von 23 cm. Ziehen Sie die Bohnen entweder auf einem Wigwam aus Stützstäben oder an einem Spalier.

Keimdauer 7–14 Tage.

Pflanzabstand 46 cm zwischen den Reihen.

Von der Aussaat bis zur Ernte 12–14 Wochen.

Krankheiten und Schädlinge Junge Pflanzen werden von *Schnecken* und *Vögeln* gefressen.

Jäten Hacken Sie regelmäßig, um das Unkraut unter Kontrolle zu halten. Bringen Sie um die Stängelbasis herum eine Mulchschicht auf, um die Feuchtigkeit in der Erde zu halten und Unkraut zu reduzieren.

Gießen Gießen Sie regelmäßig. Sobald die Blüten zu sehen sind, benötigen die Pflanzen zusätzlich Wasser.

Ernten Wenn die Bohnen fest und ca. 15–20 cm lang sind, brechen Sie sie ab. Sie wachsen kräftig, weshalb Sie täglich ernten sollten, um neues Wachstum anzuregen und zu verhindern, dass die Bohnen überreif werden.

Lagern Am besten direkt nach dem Ernten essen, aber im Plastikbeutel halten sie sich im Kühlschrank bis zu einer Woche. Oder 2–3 Minuten blanchieren, abgießen, abkühlen lassen und einfrieren.

RECHTS: *Der hohe Wuchs und die orangefarbenen Blüten der Feuerbohne bieten einen überwältigenden Anblick.*

ZWIEBELGEMÜSE

Zwiebeln gehören zur Gattung Lauch. Die Pflanzen bestehen aus einer Zwiebel und einem oberirdischen Trieb. Zu dieser beliebten Gemüsefamilie zählen Knoblauch, Schalotten, Lauch und – natürlich – Zwiebeln. Sie lassen sich sehr leicht anbauen und fantastisch lagern.

Zwiebeln und Schalotten

Die Zwiebel ist in beinahe jeder Küche rund um den Erdball eine Grundzutat und ihre Verwendungsmöglichkeiten beim Kochen sind unerschöpflich. Zwiebeln sind leicht anzubauen, können das ganze Jahr über gelagert werden und sind reich an Vitamin C und nützlichen Mineralstoffen.

Die Schalotte ist eine kleinere und aromatischere Version der Speisezwiebel und bildet beim Wachsen mehrere kleine Einzelzwiebeln.

Steckzwiebeln zu pflanzen statt die Zwiebeln aus Samen zu ziehen, ist der schnellere und verlässlichere Weg. Sie wachsen schnell und können jedes Jahr ohne Probleme an derselben Stelle angebaut werden.

Tipp Gute Nachbarn sind Hülsenfrüchte als Schutz vor Pilzkrankheiten.

Beste Sorten Zwiebeln – *Red Baron* (rot); *Setton:* ausgezeichneter Ertrag; *Sturon:* ausgezeichneter Geschmack, gute Lagerfähigkeit; Schalotten – *Longor:* längliche Zwiebeln mit gutem Geschmack und Ertrag, die sich gut lagern lassen; *Pikant:* intensiver Geschmack, ertragreich.
Standort Offener, sonniger Standort mit gutem Wasserablauf.
Boden Zwiebeln bevorzugen leicht sandige Böden, gedeihen aber in den meisten Böden. Schwere Tonböden sind nicht ideal. Graben Sie das Zwiebelbeet im Herbst um und mischen Sie reichlich gut verrotteten Mist oder Kompost unter.

Aussaat/Pflanzung Säen oder pflanzen Sie Zwiebeln und Schalotten gegen Ende des Winters bis zum Frühling – Frost kann ihnen nichts anhaben. Harken Sie das Beet vor dem Bepflanzen. Die Erde sollte trocken sein. Markieren Sie Reihen mit einem Abstand von je 25–30 cm und stecken Sie die Zwiebeln in Abständen von 7,5–10 cm in die Erde. Die Spitzen der Zwiebeln sollten nach oben zeigen und ein wenig aus der Erde herausschauen.

Schalotten müssen früher gesetzt werden und benötigen einen größeren Abstand: 15 cm in der Reihe und 25–30 cm zwischen den Reihen.
Keimdauer 21 Tage.
Ausdünnen Bei Steckzwiebeln nicht nötig, bei Sämlingen auf einen Abstand von 10 cm.
Pflanzabstand 5–10 cm zwischen den Pflanzen, 30 cm zwischen den Reihen.
Von der Aussaat bis zur Ernte Frühlingsaussaat: 16–22 Wochen; spätere Aussaaten im Sommer: 40–46 Wochen.
Krankheiten und Schädlinge Vögel: Das sind häufige Schädlinge, wenn die Steckzwiebeln gerade gesetzt wurden. Sie können sie anfangs mit Netzen schützen und diese später entfernen, wenn die Zwiebeln fest verwurzelt sind.

Frost: Der kann die Steckzwiebeln aus der Erde heben. Wenn das zum Problem wird, bedecken Sie sie mit Vlies oder einer Haube.

Mehltau: Vor allem während Regenperioden kann das zum Problem werden. Entfernen Sie befallene Blätter.

Mehlkrankheit: Die Blätter werden gelb und verwelken. Infizierte Pflanzen müssen vernichtet werden, weil es kein Mittel dagegen gibt. An dieser Stelle sollten Sie acht Jahre lang weder Zwiebeln noch Knoblauch anbauen, damit die Krankheit aussterben kann.

Zwiebelfliege: Die Blätter vertrocknen, und in der aufgeschnittenen Zwiebel sind am unteren Ende Maden. Vernichten und verbrennen Sie die Pflanzen und werfen Sie sie nicht auf den Kompost.

Jäten Da Zwiebeln und Schalotten flache Wurzeln besitzen, muss regelmäßig gejätet werden, damit das Unkraut ihnen nicht Nährstoffe und Wasser entzieht. Hacken Sie nicht in der Nähe der Wurzeln, sondern jäten Sie lieber von Hand, damit die Wurzeln nicht verletzt werden.

Gießen Sie sollten nur gießen, wenn das Wetter besonders heiß und trocken ist. Mulchen ist nützlich und reduziert den Wasserbedarf. Stellen Sie das Gießen ein, wenn die Zwiebeln angeschwollen sind. Wenn die Triebe schon herausgekommen sind, legen Sie den oberen Teil der Zwiebel frei. Übermäßiges oder zu seltenes Gießen kann dazu führen, dass die Zwiebeln schossen.

Ernten Die Pflanzen sind reif für die Ernte, wenn das Laub verwelkt und gelb wird. Heben Sie die Zwiebeln behutsam aus der Erde und lassen Sie die Blätter vollständig austrocknen.

Lagern Verwenden Sie Zwiebeln sofort oder lassen Sie sie trocknen. Legen Sie sie einzeln auf einen Tisch oder ein Regal, am besten in die Sonne, für 7–21 Tage. Wenn die Blätter immer noch feucht und weich sind, lassen Sie die Zwiebeln noch ein wenig länger trocknen oder brauchen Sie sie gleich auf. Lagern Sie sie entweder auf Tabletts, in Strumpfhosen oder als Zwiebelzopf (siehe umseitig). Wenn sie an einem kühlen, gut beleuchteten Ort aufbewahrt werden, halten sie sich bis zum nächsten Frühjahr.

Lagern Sie keine Zwiebeln, die Anzeichen einer Krankheit aufweisen. Verbrauchen Sie sie sofort oder vernichten Sie sie.

UNTEN: *Zwiebeln sind reif, wenn die Stängel sich verfärben und umknicken.*

Zwiebeln zusammenbinden

Die beste Möglichkeit, Zwiebeln aufzubewahren, ist, sie zusammenzubinden und dieses Gebinde an einen kühlen und trockenen Ort zu hängen. Die Küche ist dafür zu feucht.

1 Schneiden Sie ein ca. 1,2 m langes Stück Schnur ab – nicht mehr, sonst wird der Zwiebelzopf zu schwer. Verknoten Sie ein Ende der Schnur, damit es nicht ausfranst, und befestigen Sie das andere Ende an einem Haken.

2 Binden Sie das Laub der ersten Zwiebel ans untere Ende der Schnur, indem Sie es mit einem Knoten umschließen und diesen festziehen.

3 Wickeln Sie das Laub der zweiten Zwiebel 4–6-mal um die Schnur. Drücken Sie das gewickelte Laub behutsam an der Schnur nach unten in Richtung Zwiebel.

4 Lassen Sie die nächste Zwiebel neben der zweiten aufliegen und wickeln Sie das Laub in entgegengesetzter Richtung um die Schnur.

5 Wiederholen Sie diesen Vorgang, bis Sie sechs oder sieben Reihen haben. Sie können die Stängel abschneiden oder einfach hängen lassen – je nachdem, welches Aussehen Sie bevorzugen.

6 Wenn Sie oben ein langes Stück Schnur übrig haben, schneiden Sie es ab und hängen Sie den Zwiebelzopf an seinen Aufbewahrungsort.

Tipp Ich mache immer einen Zopf mit den feuchten Zwiebeln für die Küche, wo sie schnell aufgebraucht werden. Dann flechte ich einen zweiten mit getrockneten Zwiebeln, die ich für späteren Gebrauch aufbewahren möchte.

Der Küchengarten

Knoblauch

Knoblauch ist einfach anzubauen und eine unverzichtbare Zutat beim Kochen. Er wurde von jeher sowohl medizinisch als auch kulinarisch verwendet und ist ein wirkungsvolles natürliches Antibiotikum.

Knoblauch wird normalerweise im Herbst gepflanzt, aber einem Volksglauben entsprechend sollte man ihn am kürzesten Tag des Jahres pflanzen.

> *Tipps* Bei Knoblauch ist kein Fruchtwechsel nötig. Er gedeiht gut in Nachbarschaft zu Hülsenfrüchten als vorbeugende Maßnahme gegen Pilzkrankheiten.
>
> • Vögel graben frisch gesetzte Knoblauchzehen aus. Deshalb sollten Sie in den ersten paar Wochen regelmäßig herausgezogene Zehen wieder in die Erde drücken.
>
> • Behalten Sie ein paar Knollen für die Pflanzung im nächsten Jahr zurück.
>
> • Verwenden Sie keine Zehen, die Sie für den Verzehr gekauft haben. Sie wachsen nicht wie die speziell für den Anbau gezüchteten.

Beste Sorten Sultop; Thermidrome.
Standort Sonnig und offen.
Boden Gut durchlässig, nährstoffreich und feuchtigkeitsspeichernd. Verwenden Sie keine kürzlich mit Mist gedüngte Erde, weil die Pflanzen dadurch faulen können.
Pflanzung Mitte Herbst bis Ende Winter. Jede gepflanzte Knoblauchzehe produziert eine neue Knolle. Teilen Sie die Knollen in einzelne Zehen und pflanzen Sie jede Zehe mit der Spitze nach oben 2,5 cm tief in die Erde. Bedecken Sie sie mit Erde, so dass nur noch die Spitzen herausschauen. Behutsam festdrücken.
Pflanzabstand Zwischen den Knoblauchzehen 10 cm, zwischen den Reihen 23–30 cm.
Von der Pflanzung bis zur Ernte 24–36 Wochen.

Krankheiten und Schädlinge Vögel
Schimmel: Ein Risiko während langer, nasser Perioden.
Mehlkrankheit: Erscheint als weißer, flaumiger Belag. Schmeißen Sie befallene Knollen weg und bauen Sie an dieser Stelle acht Jahre lange keine Pflanzen mehr an, die zur Zwiebelfamilie gehören.
Jäten Mit seinem schlanken Laub ist der Knoblauch nicht in der Lage, Unkraut zu beschatten. Deshalb müssen Sie es durch regelmäßiges Hacken in Schach halten.
Gießen Gießen Sie im Frühling und Sommer während Trockenperioden. Stellen Sie das Gießen ein, sobald sich die Knollen ausgebildet haben.
Ernten Ernten Sie, wenn die Stängel gelb geworden und umgeknickt sind. Lassen Sie die Knollen an der Sonne auf einem Drahtgeflecht oder einem Netz trocknen, bei Regen im Haus.
Lagern Bürsten Sie die Erde von den Knollen und binden Sie sie entweder zu einem Knoblauchzopf (siehe Seiten 92–93) oder schneiden Sie die Stängel ab. Die Knollen können in einem Einkaufsnetz an einem trockenen Ort aufbewahrt werden.

GEGENÜBERLIEGENDE SEITE UND UNTEN: *Knoblauch ist leicht anzubauen und gesund.*

Lauch

Lauch, auch Porree genannt, gehört zur Familie der Zwiebelgewächse, ist ein vielseitiges Gemüse und vergleichsweise leicht anzubauen. Da die Sämlinge verpflanzt werden müssen, ist ein wenig Vorbereitung vonnöten. Dieser Aufwand wird jedoch durch eine Pflanze belohnt, die über einen längeren Zeitraum geerntet werden kann und auch in kaltem Klima gut wächst.

Tipps Häufen Sie die Erde um die Stängel herum an, nachdem sich die Pflanzen entwickelt haben.

• Die Erde sollte nicht in die Ritzen der Blätter gelangen, da sie sonst zwischen den Schichten des Lauchs eingeschlossen wird.

Beste Sorten Herbstriesen 2; Blauwgroene Herfst; Bavaria.

Standort Ein sonniger Platz, an dem sich im Winter nicht die Nässe staut.

Boden Lauch wächst in jedem Boden gut, bevorzugt ihn aber fest und durchlässig. Graben Sie im Winter Kompost oder gut verrotteten Mist unter. Graben Sie das Beet den Winter über grob um und ebnen Sie es erst im Frühling durch Harken ein.

Aussaat Im Frühling ins Freiland, wenn die Erde sich erwärmt.

Säen Sie die Samen dünn in einem Abstand von ca. 2,5 cm in ca. 5 mm tiefe Rillen und bedecken Sie sie mit feiner, gesiebter Erde.

Keimdauer 14–21 Tage.

Ausdünnen Vereinzeln Sie die Sämlinge, wenn sie ca. 20 cm groß sind und die Dicke eines Bleistiftes besitzen. Gießen Sie am Vortag die Stelle, an die der Lauch gepflanzt werden soll. Bohren Sie mit einem Pflanzholz in einem Abstand von 15–23 cm 15 cm

tiefe Löcher. Bewegen Sie dabei das Pflanzholz hin und her, so dass die Löcher oben etwas größer sind. Stecken Sie in jedes Pflanzloch einen Sämling und füllen Sie die Löcher mit Wasser. Wenn Sie um die Pflanzen herum Unkraut jäten, werden sich die Löcher mit Erde füllen. Häufen Sie nach und nach Erde um die Stängel an, während sie wachsen.

Pflanzabstand Setzen Sie die jungen Pflanzen in einem Abstand von 15 cm zueinander in Reihen mit einem Abstand von 30 cm.

Von der Aussaat bis zur Ernte 30 Wochen.

Krankheiten und Schädlinge Lauch-Rost: Wenn es lange Zeit feucht ist, erscheinen auf den Blättern orange pudrige Flecken.

Zwiebelfliege: Die Blätter werden gelb und fallen um, wenn sich die Fliege durchs Gewebe gräbt.

Mehlkrankheit: Die Blätter werden gelb und ein grauer oder weißer Pilz bildet sich.

Lauchmotte: Auf den Blättern erscheinen weiße Streifen.

Weiße Spitzen: Auf den Blättern erscheinen weiße, papierartige Stellen und die Spitzen sterben ab.

Jäten Halten Sie das Unkraut durch regelmäßiges Hacken in Schach.

Gießen Während Trockenperioden im Sommer sollten Sie gründlich gießen, ansonsten je nach Wetter nur ungefähr alle 10 Tage.

Ernten Dünne Lauchstangen sind schmackhafter. Die Stangen können die Wintermonate über im Beet bleiben und nach Bedarf geerntet werden. Schneiden Sie die Blätter und Wurzeln ab und entfernen Sie die Erde zwischen den Schichten, bevor Sie den Lauch zubereiten oder roh verzehren.

Lagern Lauch hält sich im Kühlschrank bis zu fünf Tage.

GEGENÜBERLIEGENDE SEITE UND UNTEN: *Lauch neigt zum Schossen, wenn auf optimale Temperaturen kältere folgen. Ernten Sie die Stangen, solange sie noch dünn sind und bevor kaltes Wetter einsetzt.*

KÜRBISGEMÜSE

Zur Familie der Kürbisgewächse gehören Garten- und Riesenkürbisse, Gurken, Zucchini und Melonen. Sie wachsen an Ranken, die sich über den Boden erstrecken oder an Spalieren oder Stöcken hochgezogen werden können.

Kürbisse

Ihre Farbe ist der Inbegriff des Herbstes. Garten- und Riesenkürbisse gehören zur selben Familie wie Zucchini. Einen riesigen Kürbis aus einem winzigen Kern zu ziehen, ist eine wahrhaft magische Erfahrung. Die Pflanzen nehmen viel Platz ein, weil die Stängel versuchen, sich auszubreiten, um Platz für die Blüten und Früchte zu haben. Sie entziehen dem Boden auch viele Nährstoffe, weshalb sie besonders gut wachsen, wenn man sie direkt auf einen Kompost- oder Misthaufen pflanzt.

Beste Sorten Riesenkürbis: *Big Max; Jack Be Little*; Gartenkürbis: *Butternut; Cobnut; Hokkaido*.
Standort Geräumig und sonnig.

> **Tipps** Kleinere Sorten können an einer stabilen Stütze, wie einem Spalier oder Bogen, gezogen werden. Falls die Früchte zu schwer werden, kann man sie mit Netzen, die man an der Rankhilfe befestigt, stützen.
>
> • Wenn Sie besonders große Kürbisse ziehen wollen, sollten Sie je nur eine Frucht an den Pflanzen lassen und diese auf ein Stück Holz oder einen Ziegelstein legen, damit sie vor Schädlingen geschützt ist und nicht auf der feuchten Erde aufliegt.
>
> • Wenden Sie alle paar Wochen einen Flüssigdünger an.
>
> • Wenn sich die Früchte entwickelt haben, werden sie durch Frost matschig. Legen Sie Stroh oder Pappe um die Pflanzen.

Boden Gut durchlässig, fruchtbar und feucht. Graben Sie vor dem Bepflanzen viel gut verrotteten Mist oder Kompost unter.
Aussaat Ziehen Sie die Kürbisse ca. einen Monat vor dem letzten Frost im Haus vor. Legen Sie je einen Samen 1 cm tief in Töpfe mit 7,5 cm Durchmesser. Verpflanzen Sie die Sämlinge nach draußen, wenn die Frostgefahr vorbei ist. Vorher abhärten. Bei kaltem Wetter bedecken Sie die Pflanzen mit einer Haube oder mit Vlies, bis sich die Erde erwärmt hat.

Wenn Sie die Kürbisse direkt im Freiland ziehen, graben Sie für jede Pflanze ein ca. 30 cm tiefes Loch und füllen dieses mit gut verrottetem Mist oder Kompost auf.

Legen Sie in jedes Loch drei Samen 2,5 cm tief und mit einem Abstand von 7,5–10 cm. Wenn sich Triebe gebildet haben, dünnen Sie sie aus und lassen Sie nur die stärksten Pflänzchen stehen. Brechen Sie die Triebspitzen aus, wenn sie 30–38 cm groß sind, um das Wachstum der Seitentriebe anzuregen.
Keimdauer 5–10 Tage.
Pflanzabstand Vereinzeln Sie die Sämlinge auf Abstände von 45–90 cm.
Von der Aussaat bis zur Ernte 10–14 Wochen.
Krankheiten und Schädlinge Echter Mehltau: Wie alle Kürbisgewächse mögen auch Garten- und Riesenkürbisse es nicht, wenn ihre Blätter mit Wasser bespritzt werden.

Mäuse: Sie fressen gerne die gerade gepflanzten Samen.
Jäten Jäten Sie regelmäßig.
Gießen Mulchen Sie gut und gießen Sie während Trockenperioden wöchentlich um die Pflanze herum, nicht direkt auf die Blätter.

Ernten Die Früchte können geerntet werden, wenn die Stängel anfangen auszutrocknen. Schneiden Sie die Kürbisse nach Bedarf von der Pflanze ab. Nach der Ernte benötigen die Früchte ca. 10 Tage zum Trocknen, am besten an einem sonnigen Platz im Freien, bei Regen an einem warmen, trockenen Ort, wie das Gewächshaus oder Frühbeet.

Bei Lagerung über den Winter sollten Sie die Kürbisse so lange wie möglich an der Pflanze lassen, damit sie ausreifen und eine harte Schale bekommen können.

Lagern Kürbisse mit harter Schale sind normalerweise bis zu sechs Monate haltbar. Stapeln Sie sie an einem trockenen Ort nicht zu hoch, damit die Luft gut zirkulieren kann.

UNTEN: *Ein goldener Riese im Königreich der Gemüse.*

Zucchini

Da Zucchini leicht anzubauen und produktiv sind, sind sie im Küchengarten sehr beliebt. Sowohl die Früchte als auch die Blüten sind essbar und schmecken am besten, wenn sie jung und klein sind.

Zucchini sind dafür bekannt, dass sie eine Schwemme produzieren, weil alle Früchte gleichzeitig reif sind. Der durchschnittliche Ertrag beträgt 15 Zucchini pro Pflanze.

Tipps Bei nährstoffarmem Boden: Graben Sie ein ca. 15 cm tiefes Loch, mischen Sie gut verrotteten Mist oder Erde aus einem Pflanzsack unter die Gartenerde, füllen Sie das Loch auf und pflanzen Sie den Sämling ein.

- In kalten Sommern kann es vorkommen, dass sich aufgrund unzureichender Bestäubung kein Fruchtansatz zeigt. Pflücken Sie in diesem Fall eine männliche Blüte, zerknüllen Sie sie und stecken Sie sie in eine weibliche Blüte. Die weiblichen Blüten sitzen auf kleinen Zucchini, die männlichen auf einfachen Stängeln.

Beste Sorten Gold Rush: eine gelbe Sorte, die früh reif wird; *Mastil:* eine ertragreiche grüne Sorte.
Standort Zucchini benötigen einen sonnigen Standort, der windgeschützt ist.
Boden Gut durchlässig, fruchtbar und feucht. Zucchini benötigen viel Platz, gedeihen aber auch in Pflanzsäcken gut, wenn nur wenig Platz zur Verfügung steht. Graben Sie vor dem Bepflanzen gut verrotteten Mist oder Kompost unter.
Aussaat Mitte bis Ende Frühling, wenn die Fröste vorbei sind. Die Samen keimen bei Kälte nicht. Säen Sie drei Samen 2,5 cm tief mit mehreren Zentimetern Abstand. Eine Haube beschleunigt die Keimung. Bei Vorkultur im Haus säen Sie je einen Samen 1 cm tief in Töpfe mit 7,5 cm Durchmesser. Bei Direktsaat ins Freiland säen Sie je zwei Samen zusammen und vereinzeln Sie sobald wie möglich.
Keimdauer 5–8 Tage.

Ausdünnen Wenn die Sämlinge zwei, drei Blätter ausgebildet haben, können sie an ihren endgültigen Standort verpflanzt werden. Normalerweise reichen nur ein paar wenige Pflanzen, sonst steht man am Ende mit einer Schwemme da. Werfen Sie deshalb die schwächsten Pflänzchen weg und ziehen Sie nur die stärksten Sämlinge groß.

Pflanzabstand Lassen Sie einen Abstand von mindestens 60 cm zwischen den Sämlingen.

Von der Aussaat bis zur Ernte 10–14 Wochen.

Krankheiten und Schädlinge Die kleinen Pflanzen sind besonders durch *Schnecken* gefährdet.

Gießen Gießen Sie die jungen Sämlinge jeden Tag, bis sich die Pflanzen etabliert haben. Die Pflanzen sollen bei warmem Wetter nicht austrocknen. Das Wässern ist besonders wichtig, sobald sich die Früchte ausbilden. Je mehr Wasser die Pflanzen bekommen, desto besser gedeihen sie. Wenn Sie jedoch *Echten Mehltau* an Ihren Pflanzen entdecken, gießen Sie zu viel. Zucchini mögen es nicht, wenn ihre Blätter nass werden.

Ernten Verwenden Sie ein scharfes Messer und schneiden Sie die Zucchini von der Pflanze, wenn sie noch klein sind, ca. 10–15 cm lang. Wenn Sie größere Früchte bevorzugen, warten Sie, bis sie 20–25 cm lang sind. Pflücken Sie sie oft, um für eine kontinuierliche Ernte zu sorgen.

Lagern Die Blüten sollten sofort nach dem Pflücken verzehrt werden. Zucchini schmecken am besten, wenn man sie bald nach dem Ernten genießt. Im Kühlschrank halten sie sich nur ein paar Tage lang.

Gegenüberliegende Seite und unten: *Die wundervollen, leuchtend goldgelben Blüten sind auch essbar.*

Gurken

Frische, knackige Gurken sind ein willkommener, erfrischender Genuss im Sommer. Sie können sowohl im Gewächshaus als auch im Freien angebaut werden. Es gibt verschiedene Sorten, von langen, schmalen, wie man sie aus dem Supermarkt kennt, bis zu kürzeren, stacheligen. Im Allgemeinen kann man pro Pflanze mit 15 Gurken rechnen.

Wenn Sie Gurken in Töpfen ziehen, sollten Sie die Triebe an Stöcke binden. Kneifen Sie die Triebspitze aus, wenn die Pflanze das obere Ende ihrer Stütze erreicht hat. Seitentriebe können abgezwickt werden, wenn sie zwei Blätter haben. Freilandsorten benötigen keine Stütze, man kann sie am Boden entlangranken lassen.

Tipps Gurken besitzen sowohl männliche als auch weibliche Blüten. Die weiblichen sitzen auf einer kleinen Gurke, die männlichen auf einem dünnen Stängel. Entfernen Sie bei Gewächshaussorten die männlichen Blüten, weil befruchtete Gurken dazu tendieren, bitter zu schmecken.

• Wenn Sie die Gurken ins Freiland pflanzen, muss die Erde zuvor aufgewärmt werden. Die Früchte verfaulen sonst, wenn es plötzlich kalt wird. Freilandgurken schützt man am besten einige Wochen mit Hauben.

Beste Sorten Gewächshausgurken – *Euphra F1*; *Luxury*: rein weibliche Sorte mit langen Früchten; Freilandgurken – *Darina*: ertragreich und widerstandsfähig; *Sudica*: ohne Bitterstoffe; Gewächshaus- und Freilandgurken – *Burpless Tasty Green*.

Standort Gewächshausgurken: Anbau unter Glas bei ca. 21–27 °C; Freilandgurken: an einen warmen, sonnigen und windgeschützten Ort in feuchte Erde pflanzen.

Gurken gedeihen auch gut in Pflanzsäcken. Bauen Sie zwei Pflanzen pro Sack an.

Boden Muss gut durchlässig, nährstoffreich und feucht sein. Einmal wöchentlich mit Tomatendünger versorgen.

Aussaat Im beheizten Gewächshaus: zu Beginn des Frühlings; im unbeheizten Gewächshaus: gegen Ende des Frühlings; im Freiland: im Frühsommer. Säen Sie die Samen in kleine Töpfe mit Anzuchterde 1 cm tief in die Erde. Wenn die Pflanzen groß genug sind, können Sie sie entweder ins Freiland oder ins Gewächshaus in 10 l fassende Töpfe pflanzen. Bei Topfkultur benötigen die Pflanzen Stöcke als Stützen. Lassen Sie von der Aussaat bis zum Verpflanzen 4–5 Wochen vergehen.

Keimdauer 3–5 Tage.

Ausdünnen Vereinzeln Sie die Sämlinge, wenn sie groß genug sind.

Pflanzabstand Im Freiland: Säen Sie je drei Samen 2,5 cm tief. Bedecken Sie die Samen mit einer Haube, bis sie gekeimt haben, und dünnen Sie sie aus.

Von der Aussaat bis zur Ernte Ca. 12 Wochen.

Krankheiten und Schädlinge Die am weitesten verbreitete Krankheit ist der *Echte Mehltau*. Entfernen Sie stark befallene Pflanzen oder behandeln Sie sie mit Schwefel. Kontrollieren Sie die Pflanzen regelmäßig auf *Spinnmilben* und *Weiße Fliegen*.

Gießen Gurken mögen eine feuchte Umgebung, aber vermeiden Sie Staunässe. Pflanzen, die man austrocknen lässt, produzieren bittere Früchte. Gießen Sie den Boden unter den Blättern, damit sie keinen *Echten Mehltau* bekommen.

Ernten Schneiden Sie die Gurken mit einem Messer ab – am besten früh am Tag, denn dann sind sie am knackigsten. Ernten Sie regelmäßig. Wenn Sie alte Gurken an der Pflanze lassen, entwickeln sich keine neuen. Je mehr Gurken Sie ernten, desto mehr produziert die Pflanze.

Lagern Gurken lassen sich im Kühlschrank aufbewahren, schmecken aber frisch am besten.

GEGENÜBERLIEGENDE SEITE UND RECHTS: Hinter der weiblichen Blüte wächst bereits eine kleine Gurke. Die männlichen Blüten sitzen auf einem Stängel und sollten entfernt werden, damit die Gurken nicht bitter werden.

BLATTGEMÜSE

Welche Sorte Blattgemüse Sie auch anbauen wollen: Sie werden dafür immer ein Plätzchen zwischen den Reihen langsamer wachsender Gemüsearten finden und so die ganze Saison über mit einer großen Palette an Farbe und Geschmack versorgt sein.

Salate

Gartensalat gibt es heute in einer aufregenden Auswahl an Farben, Strukturen, Formen und Geschmäckern. Und eigenen Salat anzubauen geht sowohl leicht als auch schnell.

Der Anbau von Salaten funktioniert draußen in Beeten oder Gefäßen gleichermaßen gut. Wenn die Fröste einmal vorbei sind, können Sie die Salate direkt ins Freiland säen. Wenn Sie ein Gewächshaus besitzen, können Sie sie aber auch dort in Töpfen oder Anzuchtschalen vorziehen. Dünnen Sie die Sämlinge aus, damit zwischen den Pflanzen Lücken entstehen.

Tipps Bei Pflücksalaten können Sie alle paar Wochen neue Samen säen, um den ganzen Sommer über mit Salat versorgt zu sein.

• Der Salat sollte im Sommer von größeren Pflanzen, wie z. B. Tomaten oder Mais, beschattet werden: Dadurch reduziert sich die Gefahr des Schossens.

Beste Sorten Die Gartensalate lassen sich grob in vier Gruppen einteilen, von denen jede ihre eigenen Merkmale hinsichtlich Wuchs und Geschmack besitzt: Eisbergsalat, Kopfsalat, Blattsalat und Romana- oder Römersalat. Säen Sie mehrere Sorten mit verschiedenen Farben und Texturen, um Ihre Salatschüssel interessant zu machen. Wählen Sie auch ein paar Pflücksalatsorten, bei denen Sie nach Bedarf Blätter abschneiden können, die Pflanze aber weiter wächst und den ganzen Sommer über neue Blätter hervorbringt.

Standort Salate werden normalerweise an einer freien Stelle ausgesät, um die Sonne so gut wie möglich auszunutzen. Wenn es wärmer wird, sollten Sie sie jedoch eher im Halbschatten aussäen, weil Salate an vollsonnigen Standorten bittere Blätter produzieren können.

Boden Salat kann in vielen Bodenarten angebaut werden, aber lockere, fruchtbare, sandige Lehmböden, die mit organischem Material gut versorgt sind, eignen sich am besten. Die Erde sollte gut durchlässig und feucht sein. Da Salate nicht über ein ausgedehntes Wurzelsystem verfügen, brauchen sie ausreichend Wasser und Nährstoffe.

Aussaat Anzucht im Gewächshaus vom Spätwinter bis zum zeitigen Frühjahr. Die Pflänzchen können nach dem letzten Frost ins Freie gepflanzt werden.

Da Salatsamen sehr klein sind, ist ein gut vorbereitetes Saatbeet sehr wichtig. Wenn Sie ins Freiland säen, harken Sie die Oberfläche, so dass sie eine feinkrümelige Struktur erhält. Markieren Sie mit der Setzschnur eine Reihe und ziehen Sie eine lange, flache, ca. 1 cm tiefe Rille in die Erde.

Keimdauer Ca. 7–14 Tage.

Ausdünnen Warten Sie, bis die Sämlinge 5–8 cm groß sind, graben Sie eine Reihe kleiner Löcher und setzen Sie die Pflänzchen hinein.

Pflanzabstand Ca. 15 cm zwischen kleineren Sorten und 30 cm, wenn Sie Sorten mit größeren Köpfen anbauen.

GEGENÜBERLIEGENDE SEITE: *Wenn Sie verschiedene Blattsalaten anbauen, gibt es in Ihrer Salatschüssel interessante Farben und Geschmacksrichtungen.*

Von der Aussaat bis zur Ernte Abhängig von der Sorte, Details können Sie dem Samenpäckchen entnehmen.

Krankheiten und Schädlinge Das größte Problem sind *Schnecken*. Die Vorkultur in Anzuchtschalen schützt Ihre Sämlinge sowohl vor Schneckenangriffen als auch vor schlechtem Wetter.

Jäten Mulch aus organischem Material unterdrückt Unkräuter und hält die Erde kühl. Zupfen Sie Unkraut von Hand aus und beschädigen Sie die Wurzeln der Salatpflanzen nicht.

Gießen Halten Sie Salat immer gut feucht, Trockenstress begünstigt das Schossen.

Ernten Alle Salatsorten sollten geerntet werden, wenn die Köpfe ihre volle Größe erreicht haben, aber noch jung und zart sind. Überreifer Salat kann bitter schmecken. Beim Pflücksalat werden von außen einzelne Blätter entfernt, so dass die Blätter in der Mitte weiterwachsen können. Eisbergsalat sollte geerntet werden, wenn die Mitte fest ist.

Lagern Am besten genießt man Salat direkt nach der Ernte. In einer Plastiktüte hält er sich im Kühlschrank bis zu zwei Tage.

UNTEN: Frische Blattsalate gibt es in verschiedenen Farben und Sorten – sie müssen nicht unbedingt grün sein.

Mangold

Dieses Gemüse besitzt farbenfrohe Stängel in leuchtendem Rosa, Rot, Orange oder Weiß und bietet im Gemüsebeet einen beeindruckenden Anblick. Besonders im Winter, wenn es im Küchengarten an Farbe fehlt, ist Mangold eine willkommene Zutat, und er wächst außerordentlich gut in Pflanzgefäßen. Mangold ist ein leicht anzubauendes Gemüse, und Sie können die ganze Wachstumssaison über ernten, weil die Pflanze von innen nachwächst.

Mangold kann gekocht oder roh im Salat gegessen werden. Die Blätter und Stängel kocht man am besten getrennt voneinander, denn sie haben unterschiedliche Garzeiten.

> **Tipps** Bauen Sie viel davon an, denn er fällt wie Spinat beim Kochen zusammen.
>
> • Beschneiden Sie die Pflanzen regelmäßig, damit sie nicht bei warmem Wetter schossen.
>
> • Bedecken Sie die Pflanzen im Winter mit Vlies oder einer Haube zum Schutz vor schlechtem Wetter.

Beste Sorten Bright Lights AGM.
Standort Offen und sonnig.
Boden Feucht und fruchtbar.
Aussaat Gegen Ende des Frühlings.
Säen Sie die Samen in Anzuchtschalen und verpflanzen Sie die Sämlinge, wenn sie groß genug sind. Nachwachsende Pflanzen säen Sie direkt ins Freiland in Rillen mit Abständen von ca. 1 cm.
Pflanzabstand In Reihen mit Abständen von 45 cm.
Keimdauer 10–14 Tage.
Von der Aussaat bis zur Ernte 12 Wochen.
Krankheiten und Schädlinge Junge Pflanzen werden von *Schnecken* angegriffen.
Jäten Halten Sie das Unkraut durch regelmäßiges Hacken oder Jäten von Hand unter Kontrolle.

Gießen Während Trockenperioden sollten Sie die Erde feucht halten.
Ernten Schneiden Sie die Pflanzen ca. 5 cm oberhalb der Basis ab, damit die Pflanze neu austreiben kann. Werfen Sie die äußeren Blätter weg, wenn sie beschädigt sind, und ernten Sie die inneren Blätter.
Lagern Wenn die Blätter gekocht werden sollen, kann man sie einfrieren; roh im Salat nur erntefrisch.

RECHTS: *Mangold gibt es mit Stängeln in fantastischen leuchtenden Farben.*

Spinat

Spinat ist ein sehr vielseitiges, schmackhaftes und gesundes Gemüse, kann sowohl roh als auch gekocht verzehrt werden und ist leicht anzubauen. Je nach Aussaatzeitpunkt spricht man von Frühlings-, Sommer-, Herbst- oder Winterspinat. Die Blätter von Frühlings- und Sommerspinat sind heller und zarter und eignen sich deshalb als Salatzutat, während die des Herbst- und Winterspinats dunkelgrün, etwas härter, langstieliger und kräftiger im Geschmack sind. Er wird immer gekocht, wobei er stark zusammenfällt: Daher denken Sie daran, genügend anzubauen. Spinat enthält viele Vitamine und eignet sich perfekt zum Einfrieren. Für den Garten kann er drinnen vorgezogen und nach draußen verpflanzt werden, sobald sich die Erde erwärmt hat und die Frostgefahr vorbei ist.

Tipps Bauen Sie viel Spinat an, denn er fällt beim Kochen sehr stark zusammen.

- Mit Spinat kann man auch sehr gut Lücken füllen, die anschließend von anderen Kulturen übernommen werden.

Beste Sorten *Emilia; Galaxy; Matador.*
Standort Halbschatten. Eignet sich gut als Zwischenkultur. Pflanzen Sie ihn zwischen ein paar größere Gemüsesorten, die ein wenig lichten Schatten spenden.
Boden Spinat wächst in beinahe jeder Art von Boden gut, aber er bevorzugt Erde, die mit gut verrottetem Mist oder Kompost vermischt wurde.
Aussaat Anfang Frühling bis Anfang Herbst.

Spinat kann drinnen vorgezogen und nach draußen verpflanzt werden, sobald sich die Erde erwärmt hat und die Frostgefahr vorbei ist. Pflanzen Sie in 2,5 cm tiefe Rillen. Gut angießen.
Keimdauer 10–14 Tage.
Ausdünnen Vereinzeln Sie die Sämlinge auf Abstände von 8 cm.
Pflanzabstand Bei Anbau direkt im Freiland säen Sie in Reihen mit 30 cm Abstand.

Säen Sie Spinat alle 2–3 Wochen neu aus, damit Sie die Saison hindurch kontinuierlich ernten können.
Von der Aussaat bis zur Ernte 10–12 Wochen.
Krankheiten und Schädlinge Schnecken: Ein häufiges Problem, vor allem für junge Triebe.

Vögel: Sie scheinen Spinat zu lieben. Wenn Sie dieses Problem haben, schützen Sie Ihre Pflanzen mit Netzen.
Jäten Halten Sie das Unkraut unter Kontrolle, indem Sie behutsam um die Pflanzen herum hacken oder von Hand jäten.
Gießen Gießen Sie gründlich, vor allem während Trockenperioden. Spinat schosst bei warmem Wetter leicht, wenn die Pflanze unter Trockenstress leidet.
Ernten Ziehen Sie bei Spinat jede zweite Pflanze heraus, wenn sie groß genug ist, und ernten Sie die übrigen Pflanzen, indem Sie die Blätter abschneiden, wenn sie die geeignete Größe erreicht haben.
Lagern Spinat wird am besten frisch genossen, kann aber in einem Plastikbeutel im Kühlschrank bis zu zwei Tage aufbewahrt werden.

UNTEN: Spinat gedeiht in den meisten Böden und hat knackige, grüne Blätter.

Asiatisches Gemüse

Die Nachfrage nach diesen Gemüsearten steigt genauso wie die Beliebtheit der asiatischen Küche. Die meisten werden wie Kohl oder Gartensalat angebaut und manche sind leicht zu ziehen. Sie sehen attraktiv aus, reifen schnell, und viele können den Winter über geerntet werden. Sie schmecken großartig in Pfannengerichten, gedämpft oder roh in Salaten. Versuchen Sie einmal, die japanischen Blattgemüse Komatsuna und Mizuna, Chinesische Yamswurzel und Chinakohl, Helmbohnen und Pak Choi anzubauen.

Aussaat und Pflege Asiatische Gemüse sind an 12 Stunden Tageslicht und 12 Stunden Dunkelheit gewöhnt. Deshalb empfiehlt es sich, sie nach dem längsten Tag des Jahres auszusäen und an Ort und Stelle auszudünnen und sie nicht zu verpflanzen. Sie wachsen sehr schnell und produzieren eine reiche Ernte. Wenn ihre Wurzeln nicht feucht gehalten werden oder wenn sie zu dicht stehen, können sie zum Schossen neigen.

Vermeiden Sie nach Möglichkeit, die Wurzeln zu sehr zu stören. Sie können auch in Anzuchtschalen vorgezogen und verpflanzt werden. Dabei sollten Sie jedoch sehr vorsichtig vorgehen.

Pak Choi und andere asiatische Gemüsearten können auch in Pflanzsäcken sehr gut wachsen, aber Sie müssen vielleicht die Säcke an der Vorderseite aufreißen, damit die Pflanzen mehr Platz haben. Schützen Sie späte Pflanzen mit Vliesen oder Hauben vor Frost.

Krankheiten und Schädlinge Schnecken sind die größten Schädlinge. Asiatische Gemüse haben oft große Blätter und bieten ideale Verstecke. Kontrollieren Sie regelmäßig die Blattunterseiten.

Ernten Ernten Sie Blattgemüse wie Pflücksalat (siehe Seite 106), wenn die Blätter ca. 10 cm groß sind. Ernten Sie zuerst die größten Blätter, damit die anderen hervorkommen können. Ernten Sie Chinakohl im unreifen Zustand und braten Sie mehrere junge Pflanzen schnell in der Pfanne an – ein köstliches Gemüsegericht!

UNTEN LINKS UND RECHTS: Pak Choi lässt sich leicht anbauen, ist aber anfällig für Schädlinge.

STÄNGEL- UND STAUDENGEMÜSE

Zu dieser vielfältigen Gruppe gehört Gemüse wie Spargel, Rhabarber, Mais und Artischocken. Tomaten sind auch ausdauernde Pflanzen, werden aber, zusammen mit Paprika und Peperoni, meist als einjährige Pflanzen kultiviert, weil sie nicht winterhart sind. Rhabarber wird meist wie Obst zubereitet und als köstliches Dessert genossen.

Grüner Spargel

Um Spargel anzubauen benötigen Sie viel Geduld, aber das Warten lohnt sich. Der Anbau von Grünspargel ist weniger aufwendig als der des weißen, außerdem ist er gesünder. Er benötigt drei bis vier Jahre, bis er etabliert ist, aber danach bringt die Pflanze 10–30 Jahre lang Ertrag.

Wenn diese Pflanzen reif sind, sind sie ein wahrer Schatz im Küchengarten.

Tipps Wenn Sie die Klauen aus der Gärtnerei nach Hause bringen, sollten Sie sie sofort einpflanzen, damit die Wurzeln nicht absterben.

- Um die Pflanzen herum sollte sich keine Erdkruste bilden, weil das zu gebogenen Spargelstangen führt. Halten Sie die Erde locker.

- Aus den Samen der Pflanze entstandene Sämlinge sollten sich nicht etablieren, weil sie Ihre Pflanzen hemmen. Kaufen Sie männliche Sorten, die keine Samen bilden. Weibliche Pflanzen sind weniger produktiv, weil sie Samen ansetzen.

- Ernten Sie nur bis zum Johannistag (24. Juni).

- Werden die Pflanzen im Herbst gelb, schneiden Sie sie zurück. Lassen Sie ca. 2,5–5 cm große Stümpfe stehen.

Beste Sorten *Hannibal* (männliche Sorte); *Grolim* (männliche Sorte); *Mary Washington*.
Standort Sonnig und geschützt. Schützen Sie den Spargel vor Frost und Wind, die das Laub beschädigen können. Dadurch reduziert sich die Menge an Nährstoffen.
Boden Gut durchlässig, nährstoffreich und fruchtbar. Spargel bevorzugt sandige Böden, die mit viel gut verrottetem Mist angereichert wurden.
Pflanzung Anfang bis Mitte Frühling.

Häufeln Sie auf dem Boden eines 20 cm tiefen und 30 cm breiten Grabens 7,5 cm hoch Kompost oder gut verrotteten Mist an. Breiten Sie die Wurzeln auf diesem Hügel aus, bedecken Sie sie mit einer 5–7,5 cm hohen Schicht Erde und gießen Sie sie gut an. Wenn die Pflanzen wachsen, füllen Sie den Graben nach und nach auf. Bis zum Herbst sollte das Beet eben sein.

In den ersten beiden Jahren schneiden Sie im Herbst das Laub ab, lockern Sie die Erde um die Pflanzen herum und fügen Sie gut verrotteten Mist hinzu. Statt das Laub abzuschneiden, lassen Sie die Triebe in den Folgejahren wachsen und harken Sie im Frühling die lockere Erde weg.
Keimdauer 3–4 Wochen.
Pflanzabstand Von Klaue zu Klaue 45 cm.
Von der Pflanzung bis zur Ernte 2–3 Jahre.
Krankheiten und Schädlinge *Spargelhähnchen*: Frisst sowohl Stängel als auch Blätter. Sammeln Sie Larven und erwachsene Käfer von den Pflanzen,

Der Küchengarten

spülen Sie die Pflanzen mit einer Seifenlösung ab und entfernen Sie beschädigte Blätter und Stängel.

Rost: Entfernen und vernichten Sie befallene Pflanzen.

Schnecken: Richten gelegentlich an den auftauchenden Sprossen Schaden an.

Jäten Halten Sie die Anbaufläche unkrautfrei, indem Sie von Hand jäten.

Gießen Nur in Trockenperioden, wenn die Pflanzen noch jung sind, besonders im ersten Jahr.

Ernten Ab der dritten Saison können Sie von der Mitte des Frühlings bis zur Sommersonnenwende ernten. Schneiden Sie die Sprossen mit einem scharfen Sägemesser (es gibt spezielle Spargelmesser) 5 cm über dem Boden ab, wenn sie 15–20 cm lang sind. Nehmen Sie während der ersten beiden Saisons nur eine oder zwei Stangen von jeder Pflanze. In den Folgejahren können Sie bis zu acht Wochen lang nach Bedarf ernten.

Es ist wichtig, jede Stange abzuschneiden, weil dadurch die schlafenden Knospen im Wurzelstock zum Wachsen angeregt werden.

Lagern Spargel schmeckt am köstlichsten, wenn er frisch gegessen wird, aber die Stangen lassen sich auch gut einfrieren: Entfernen Sie jeglichen Schmutz von den Stangen und binden Sie sie mit Schnur zu kleinen Bündeln. 2–4 Minuten lang blanchieren, abgießen, abkühlen lassen und in einem tiefkühlgeeigneten Behälter einfrieren. Sie können die Stangen bis zu einer Woche im Kühlschrank aufbewahren.

RECHTS: *Spargel ist eine Langzeitinvestition, aber nach ein paar Jahren werden Sie belohnt.*

Artischocken

Mit diesem Gemüse kommt ein dramatisches Element in Ihren Gemüsegarten. Die Artischocke ist eine hohe, prächtige Pflanze mit großen grünen, violett gefleckten Blütenköpfen. Sie kann bis zu 1,2 m hoch werden. Sie wird oft wegen ihres architektonischen Wuchses und der leuchtenden, distelähnlichen Blüten als rein dekorative Pflanze in Staudenrabatten angebaut.

Artischocken sind am besten, wenn sie in der zweiten Saison geerntet werden, und sie erreichen ihren Höhepunkt im dritten oder vierten Jahr. Deshalb und weil bei ihnen kein Fruchtwechsel nötig ist, weisen Sie ihnen in Ihrem Garten am besten ihre eigene Anbaufläche zu.

Artischocken anzubauen ist einfacher, wenn man sie als junge Pflanzen kauft und sofort in die Erde setzt, statt sie aus Samen zu ziehen.

Beste Sorten *Green Globe; Purple Globe.*
Standort Vollsonnig. Bauen Sie Artischocken nicht in frostgefährdeten Bereichen und an windigen Stellen an, weil sie frostempfindlich sind.
Boden Nährstoffreiche, gut durchlässige, mit gut verrottetem Mist oder Kompost versetzte Böden. In Tonböden gedeihen Artischocken nicht.
Pflanzung und Pflege Sie können jederzeit pflanzen, am besten aber Mitte bis Ende des Frühlings oder im Herbst. Setzen Sie jede Pflanze 10 cm tief in die Erde. Andrücken und reichlich gießen. Während Frösten mit Vlies schützen.
Pflanzabstand 75 cm zwischen den Pflanzen.
Von der Pflanzung bis zur Ernte 18 Monate.
Krankheiten und Schädlinge *Pilze:* Verursachen braune Flecken auf dem Blütenkopf. Entfernen und verbrennen Sie befallene Blütenköpfe.

Blattläuse und *Schnecken* können auch zum Problem werden.
Jäten Jäten Sie gründlich, vor allem im ersten Jahr nach der Pflanzung.
Gießen Geben Sie ausgewachsenen Pflanzen nur während Trockenzeiten Wasser, aber gießen Sie junge Pflanzen täglich.
Ernten Ernten Sie vom Frühsommer bis zur Mitte des Herbstes, wenn die Blütenköpfe reif, aber noch geschlossen sind. Schneiden Sie zuerst die Blütenköpfe des Haupttriebs so ab, dass ein 5–7,5 cm langer Stängel stehenbleibt. Während Trockenperioden kann es vorkommen, dass sich die Artischockenblüten öffnen, bevor Sie sie ernten konnten. Kontrollieren Sie sie deshalb regelmäßig und ernten Sie nach Bedarf.
Lagern Wenn Sie die Artischocken nicht sofort verbrauchen möchten, können Sie sie ins Wasser stellen und so im Kühlschrank bis zu einer Woche aufbewahren.

> **Tipps** Entfernen Sie im ersten Jahr nach der Pflanzung die Blütenköpfe und ernten Sie in der zweiten Saison. Wenn Sie die ersten Blütenköpfe sich ausbilden lassen, beeinträchtigen diese den Wuchs im folgenden Jahr.
>
> - Entfernen Sie im Frühling regelmäßig die Ableger – junge Pflanzen, die mit der Mutterpflanze verbunden sind – mit einem scharfen Messer. Pflanzen Sie die Ableger entweder sofort ein oder werfen Sie sie auf den Komposthaufen, wenn sie nicht benötigt werden.
>
> - Pflanzen Sie innerhalb eines Zeitraums von vier Jahren zwei neue Pflanzen pro Jahr, um dauerhaft ertragreiche Pflanzen zu haben.
>
> - Lockern Sie während der Sommermonate die Erde. Schneiden Sie im Winter das Laub bis auf den Boden zurück und bedecken Sie alle Wurzelstöcke mit Stroh. Wenden Sie im zweiten Jahr im Frühling gut verrotteten Mist an.
>
> - Mulchen Sie gegen Ende des Frühlings.
>
> - Tauschen Sie die Pflanzen alle drei oder vier Jahre aus, denn sie können holzig werden.

GEGENÜBERLIEGENDE SEITE: *Artischocken sind prächtige Pflanzen, die Ihr Gemüsebeet bereichern.*

Der Küchengarten

Rhabarber

Rhabarber wird oft als Obst angesehen, ist aber ein Gemüse, das wir wie Obst behandeln. Diese Pflanze ist sehr leicht anzubauen und macht sich mit ihren großen grünen Blättern und den leuchtend pinkfarbenen Stängeln gut.

Am besten vermehrt man Rhabarber, indem man Wurzelstöcke teilt, wobei die jungen Wurzeln direkt in den Boden gepflanzt werden. Sie gedeiht auch gut in Pflanzgefäßen. Rhabarber ist ein sehr vielseitiges Gemüse und lässt sich sowohl zu Tartes, Pies, Aufläufen, Konserven und sogar Wein verarbeiten.

> *Tipps* Rhabarberblätter sind giftig. Essen Sie nur die Stängel und geben Sie die Blätter zum Kompost.
>
> • Hacken Sie regelmäßig um die Pflanzen herum, um zu verhindern, dass die Erde verkrustet.
>
> • Entfernen Sie alle Blütentriebe, bevor sie Samen ansetzen, weil das Wachstum gehemmt wird.
>
> • Versorgen Sie die Pflanze während der Sommermonate mit einem Flüssigdünger.
>
> • Die Pflanzen können ab der Mitte des Winters unter einer Rhabarberhaube getrieben werden, damit man gegen Ende des Winters bzw. zu Beginn des Frühlings ernten kann. Es gibt spezielle Treibhauben zu kaufen, aber Sie können auch einen Eimer dazu verwenden. Treiben Sie die entsprechenden Pflanzen die kommenden zwei Jahre nicht.
>
> • Ernten Sie erst im zweiten Jahr nach der Pflanzung.

Beste Sorten Sutton; Giant Winter.
Standort Warm und geschützt, aber nicht schattig.
Boden Gut durchlässig und nährstoffreich. Rhabarber bevorzugt gut ausgewogene Böden, ist aber in den meisten Böden leicht anzubauen. Reichern Sie im Herbst vor der Pflanzung die Erde mit viel gut verrottetem Mist oder Kompost an.
Pflanzung Vom Ende des Winters bis zum Beginn des Frühlings. Setzen Sie jeden Wurzelstock in ein 30 cm tiefes Loch. Bedecken Sie die Wurzelstöcke mit einer Mischung aus Erde und gut verrottetem Mist und gießen Sie gut an.
Pflanzabstand 61 cm.
Von der Pflanzung bis zur Ernte 15 Monate.
Krankheiten und Schädlinge Rhabarber wird kaum von Krankheiten oder Schädlingen befallen.
Jäten Jäten Sie um die Pflanzstelle herum und beschädigen Sie dabei den Wurzelstock nicht.
Gießen Gießen Sie regelmäßig, vor allem in Trockenperioden. Verteilen Sie eine großzügige Schicht gut verrotteten Mist oder Kompost als Mulch um die Pflanzen und gießen Sie weiterhin.
Ernten Schneiden Sie die Stängel von der Mitte des Frühlings bis Mitte/Ende Juni. Lassen Sie immer mindestens vier Stängel an der Pflanze und ernten Sie nicht mehr nach dem 24. Juni, weil die Stängel dann holzig und zäh werden.

Ernten Sie von neuen Rhabarberpflanzen frühestens 12–18 Monate nach der Pflanzung.
Lagern Rhabarber hält sich im Kühlschrank bis zu zwei Wochen. Er lässt sich auch gut einfrieren und muss zuvor nicht blanchiert werden.

UNTEN: Mit seinen großen Blättern und den leuchtend roten Stängeln ist Rhabarber in den meisten Gärten ein vertrauter Anblick.

Tomaten

Das ist die wohl beliebteste Pflanze eines jeden Gemüsegärtners. Tomaten sind leicht anzubauen und es gibt sie in vielen verschiedenen Varianten: von der Fleischtomate, die man in Scheiben schneidet, bis zur Kirschtomate, die Sie sich direkt in den Mund stecken können. Es geht nichts über den Geruch und Geschmack frisch gepflückter Tomaten – der Inbegriff des Sommers. Tomaten können sowohl drinnen als auch draußen gezogen werden und gedeihen auch in Töpfen.

Tipps Tomatenwurzeln sollen die Quecke vertreiben, ein ausdauerndes Gras, das unter der Erde Ausläufer bildet.

- Wenn Sie grüne Tomaten haben, legen Sie sie zusammen mit einem Apfel auf ein sonniges Fensterbrett – sie werden schnell nachreifen.

Beste Sorten Sungold F1 (Kirschtomate); *Golden Sunrise* (gelb); *Vitella* (rot).

Standort Im Gewächshaus, im Freiland, in Ampeln oder Blumenkästen. Im Glashaus gezogene Tomaten tragen früher als Freilandpflanzen. Wählen Sie draußen einen sonnigen, geschützten Platz, möglichst vor einer sonnigen Wand.

Auf dem Samenpäckchen steht, ob es sich um eine Gewächshaus- oder Freilandsorte handelt.

Pflanzen Sie Tomaten nicht dort direkt in den Boden, wo Sie sie schon im Jahr zuvor angebaut haben.

Boden Tomaten benötigen fruchtbare Böden. Am besten wachsen sie in Pflanzsäcken oder in großen Pflanzgefäßen, mit frischer Pflanzenerde gefüllt. Wenn sie ins Beet gepflanzt werden, gedeihen Tomaten in Erde, die mit viel organischem Material angereichert wurde.

Aussaat Drinnen: Anfang bis Mitte Frühling; draußen: Mitte Frühling bis Frühsommer, nach den letzten Frösten.

Säen Sie dünn in Töpfe oder Saatschalen. Mit einer dünnen Schicht Anzuchterde bedecken und an einen warmen, hellen Ort stellen.

Keimdauer 5–10 Tage.

Ausdünnen Wenn die Sämlinge groß genug sind, vereinzeln Sie sie in Töpfchen und halten Sie die Erde feucht. Pflanzen Sie sie aus, wenn sie ca. 15–23 cm groß sind.

Pflanzabstand 45 cm.

Von der Aussaat bis zur Ernte Ca. 16 Wochen.

Krankheiten und Schädlinge Treibhaustomaten sind besonders anfällig für *Weiße Fliegen*, *Blattläuse* und *Spinnmilben*. Der Anbau von Basilikum im Gewächshaus kann die Weiße Fliege vertreiben.

Jäten und Pflegen Bei Tomaten muss man eigentlich nicht viel jäten. Sie sollten jedoch die unteren gelben Blätter entfernen. Wichtig ist, die Seitentriebe und die Triebspitzen auszukneifen, damit sich die Pflanze auf die Früchte konzentrieren kann.

Gießen Tomaten lieben gleichmäßige Feuchtigkeit, wodurch die Schalen nicht aufplatzen. Lassen Sie also die Erde niemals austrocknen. Versorgen Sie sie regelmäßig mit flüssigem Algendünger entsprechend den Angaben des Herstellers.

Ernten Pflücken Sie die Tomaten, wenn sie vollständig und gleichmäßig gefärbt sind. Es kann vorkommen, dass Freilandtomaten grün bleiben. Auf einem sonnigen Fensterbrett nehmen sie Farbe an.

Lagern Tomaten bewahrt man am besten an einem kühlen Ort auf, aber nicht im Kühlschrank. Sie halten sich bis zu fünf Tage lang. Genießen Sie Tomaten immer zimmerwarm.

RECHTS: *Kneifen Sie bei den Tomaten regelmäßig die Seitentriebe aus, damit sich die Pflanze auf die Haupttriebe konzentriert.*

Tomaten in einem Pflanzsack anbauen

Tomaten können an ihren endgültigen Standort gepflanzt werden, wenn sie ca. 15–23 cm hoch sind und anfangen, Blüten anzusetzen. Legen Sie den Pflanzsack an eine warme, sonnige Stelle, wo er bleiben kann, denn bepflanzt mit Tomaten ist er schwer.

1 Markieren Sie die Stellen, wo Sie die Pflanzen einsetzen wollen, und lassen Sie ca. 45 cm Abstand. Schneiden Sie den Sack kreuzweise ein, so dass die Erde sichtbar wird.

2 Graben Sie in die Erde Löcher für die Pflanzen. Topfen Sie die Sämlinge vorsichtig aus und setzen Sie sie behutsam in die Löcher im Pflanzsack. Angießen.

3 Setzen Sie in den diagonal gegenüberliegenden Ecken je einen kleinen Topf hinein. Diese eignen sich ideal zum Gießen und Düngen, weil so die Wurzeln nicht gestört werden. Binden Sie alle Pflanzen an Stützen, wenn sie wachsen.

4 Im Gewächshaus können Tomaten auch direkt in den Boden oder in große Töpfe (mindestens 10 l) gesät werden. Stellen Sie sie auf einen festen, sicheren Untergrund oder setzen Sie sie in den Boden. Dadurch breiten sich die Wurzeln nicht aus, und Wasser und Dünger gelangen direkt zum Wurzelsystem.

Mais

Man sagt, Mais würde bereits seit mehr als 7000 Jahren vom Mensch angebaut und gegessen. Am besten isst man ihn kurz nach der Ernte, weil der Zucker in der Pflanze sich in Stärke umwandelt, sobald der Kolben gepflückt ist, und die Zartheit schnell verloren geht. Am besten sollten Sie Mais innerhalb einer Stunde ernten, kochen und essen.

Entfernen Sie die Blätter und kochen Sie den Kolben 7 Minuten lang. Auch gegrillt schmeckt Mais köstlich: Wickeln Sie die Kolben einzeln in Folie und legen Sie sie für ca. 10 Minuten auf den Grill.

Tipps Bauen Sie Mais lieber in einem Block statt in Reihen an, weil die Pflanzen vom Wind bestäubt werden. Das geht am besten, wenn man die Pflanzen nahe zusammenpflanzt.
- Klopfen Sie auf die Quasten am oberen Ende jeden Stängels, um bei der Bestäubung nachzuhelfen.
- Mischen Sie keine Sorten, weil sie sich gegenseitig bestäuben und die Maiskörner dadurch stärkehaltig werden.
- Maispflanzen werden 0,9–2,4 m hoch. Wenn sie anfangen, sich bei starkem Wind zu biegen, versuchen Sie es mit Anhäufeln. Dadurch wird das Wachstum stabilisierender Wurzeln angeregt. Binden Sie die Pflanzen mit Stöcken und Schnur hoch.
- Für Popcorn lassen Sie den Kolben an der Pflanze trocknen. Hängen Sie ihn ein paar Wochen lang an einen trockenen Ort. Lösen Sie die Körner aus und braten Sie sie in einer Pfanne mit heißem Öl.

Beste Sorten Lark; Tasty Sweet F1; Golda.
Standort Bevorzugt einen warmen, vollsonnigen, windgeschützten Standort. Wenn Sie Mais zusammen mit anderem Gemüse anbauen, überprüfen Sie den Stand der Sonne, damit die Maispflanzen keine anderen Pflanzen beschatten.
Boden Guter Wasserablauf und ausreichend Humus, damit die Erde nicht zu schnell austrocknet.
Aussaat Wird am besten Mitte bis Ende des Frühlings im Gewächshaus vorgezogen, falls möglich. Um seine Wurzeln nicht zu stören, sät man ihn idealerweise in Papprohren. Sie kann man direkt in die Erde pflanzen, sobald die Sämlinge erscheinen (siehe Seite 48). Wenn Sie bei der Aussaat diese Methode verwenden, säen Sie einen Samen pro Röhre. Jede Pflanze bringt zwei Kolben hervor.
Keimdauer 10–12 Tage.
Ausdünnen Pflanzen Sie die Sämlinge direkt in die Erde, wenn die letzten Fröste vorbei sind. Wenn die Pflanzen zu dicht stehen, vermindert sich der Ertrag.
Pflanzabstand Pflanzen Sie in Blöcken von mindestens 4-mal 4 Pflanzen in einem Abstand von 35–45 cm.
Von der Aussaat bis zur Ernte 14 Wochen.
Krankheiten und Schädlinge Mais ist ziemlich frei von Krankheiten und Schädlingen. Bei sehr warmem Wetter kann auf den Kolben und Stängeln jedoch *Maisbrand* vorkommen, eine Pilzkrankheit. Wenn Sie die Gallen entdecken, verbrennen Sie sie. Andernfalls platzen sie auf und setzen schwarze Sporen frei.
Jäten Halten Sie Ihr Maisbeet unkrautfrei, aber denken Sie beim Hacken an die Wurzeln in der Nähe der Oberfläche.
Gießen Gießen ist wichtig, sowohl wenn sich die jungen Pflanzen entwickeln als auch später, wenn die Körner anschwellen. Dazwischen ist Gießen unwichtig, außer bei extrem heißem Wetter.
Ernten Wenn die Enden braun werden. Schälen Sie den Kolben aus den Blättern, um zu prüfen, ob er hellgelb ist und ob eine milchige Flüssigkeit austritt, wenn ein Korn mit dem Fingernagel eingedrückt wird. Dann kann er geerntet werden. Halten Sie mit einer Hand den Stängel fest und drücken Sie den Kolben nach unten.
Lagern Am besten isst man Mais direkt nach dem Ernten. Er kann zwei Tage im Kühlschrank aufbewahrt werden, verliert aber an Geschmack.

GEGENÜBERLIEGENDE SEITE: Frisch geerntet und sofort gegessen schmeckt selbst angebauter Mais völlig anders als gekaufter.

Paprika und Peperoni

Paprika und Peperoni gehören in vielen Küchen auf der ganzen Welt zu den Grundzutaten und es ist ein Vergnügen, sie anzubauen – vor allem, wenn Sie über ein Treibhaus oder einen Folientunnel verfügen. Sie gehören beide zur Familie der Nachtschattengewächse. Sowohl von Paprika als auch von Peperoni gibt es viele verschiedene Sorten. Im Allgemeinen sind sie grün, wenn sie jung sind, und entwickeln ihre leuchtend rote, gelbe oder orange Färbung, wenn sie reifen.

Bei Peperoni reicht das Spektrum von sehr scharfem Geschmack zu milderem, süßerem. Nach der Ernte können sie getrocknet und das ganze Jahr über verwendet werden. Peperoni brauchen zum Wachsen Wärme und einen sonnigen Standort. Sie sind ausgezeichnete Vitamin-C-Lieferanten, fördern die Durchblutung und kurbeln den Stoffwechsel an.

Tipps Sobald die Pflanze Früchte ausbildet, geben Sie ihr alle paar Wochen eine kleine Menge organischen Flüssigdünger.

- Wenn die Pflanze ca. 15 cm groß ist, können Sie die Triebspitze entfernen, damit die Pflanze buschiger wird.

- Je länger die Peperoni an der Pflanze bleiben, desto schärfer werden sie. Wenn man sie auch über ihre Erntereife hinaus an der Pflanze lässt, vermindert das den Ertrag.

- Manche Peperoni sind schärfer als andere. Informieren Sie sich auf dem Samenpäckchen über die Schärfe der Früchte.

- Tragen Sie Gummihandschuhe beim Kochen mit scharfen Peperoni, um Ihre Hände vor den brennenden Kernen zu schützen.

- Binden Sie die Pflanzen mit Schnur an Stöcke, wenn sich die Früchte bilden, um ihnen Halt zu geben.

Beste Sorten Peperoni – *Jalapeño*: eine produktive Pflanze mit mittelscharfen Früchten; *Hungarian Hot Wax*: eine gute Pflanze für kühleres Klima mit Früchten, die anfangs gelb-grün sind (mild) und orange bis rot ausreifen (scharf); Paprika – *Gourmet; Gypsy*.

Standort Heiß, sonnig oder ein Glashaus mit viel Sonnenlicht.

Boden Anbau in Universal-Pflanzerde oder in Pflanzsäcken. Im Freiland muss der Boden durchlässig sein und zugleich die Feuchtigkeit speichern können. Graben Sie vorher gut verrotteten Mist unter.

Aussaat Vom Spätwinter bis zum zeitigen Frühjahr im Treibhaus oder Folientunnel.

Säen Sie Paprika- oder Peperonisamen in kleine Töpfe. In einer Anzuchtschale säen Sie je drei Samen in die 2,5 cm breiten Zellen.

Keimdauer 14–30 Tage.

Ausdünnen Wenn die Sämlinge 4 cm groß sind, verpflanzen Sie sie in einzelne Töpfe mit ca. 10 l Fassungsvermögen. Wenn Sie Pflanzsäcke verwenden, lassen Sie einen Abstand von ca. 25 cm zwischen den Pflanzen. Achten Sie darauf, dass das Wasser aus den Töpfen gut ablaufen kann.

Von der Aussaat bis zur Ernte 18 Wochen.

Krankheiten und Schädlinge Spinnmilben; Blattläuse; Weiße Fliegen.

Gießen Besprühen Sie die Pflanzen regelmäßig, um das Risiko eines Befalls mit Spinnmilben zu verringern. Achten Sie darauf, dass die Pflanzen nicht im Wasser stehen. Gießen Sie 2- oder 3-mal pro Woche.

Ernten Pflücken Sie die Früchte, wenn sie prall und glänzend sind. Paprika und Peperoni benötigen ein paar Wochen, um sich zu entwickeln und bis ihre Farbe von grün zu rot wechselt. Sie können entweder grün oder rot geerntet werden. Grüne Peperoni sind normalerweise milder als rote. Wenn die Früchte eine Weile an der Pflanze hängen, werden sie runzelig, können aber immer noch geerntet und verwendet werden.

Paprika in grünem Zustand werden unter Glas oder auf dem Fensterbrett innerhalb von ca. drei Wochen rot. Schneiden Sie die Früchte mit einem Messer ab, damit die Stängel nicht beschädigt werden.

OBEN: *Leuchtend rote, grüne, gelbe oder orangefarbene Peperoni bringen Farbe ins Gewächshaus.*

Lagern Paprikaschoten halten sich in einem Plastikbeutel im Kühlschrank bis zu zwei Wochen.

Peperoni kann man trocknen lassen und das ganze Jahr über verwenden. Binden Sie sie mit Schnur zusammen – dieses Gebinde nennt man „Ristra".

OBEN: *Direkt von der Pflanze schmecken die prallen roten oder grünen Paprikaschoten knackig und saftig.*

Frische Peperoni lassen sich in einem Plastikbeutel mit Luftlöchern im Kühlschrank bis zu zwei Wochen lang lagern. Die Schoten sollten vor dem Verwenden Zimmertemperatur haben.

Der Küchengarten **121**

OBST ANBAUEN

Obst kann in jedem Garten angebaut werden, ganz egal wie groß er ist. Ein abgeteilter Obstgarten ist zwar ideal, Sie brauchen aber nicht unbedingt eine große Fläche, um Obst anbauen zu können. Manche Obstbäume und -sträucher gedeihen gut in Töpfen und benötigen nur so viel Platz wie ein Rosenstrauch.

Es gibt viele verschiedene Arten von Obst. Bedenken Sie, dass selbst angebautes Obst ganz anders schmeckt als im Laden gekauftes. Es empfiehlt sich, einen Bauernhof mit Obst zum Selberpflücken, Freunde oder Kleingartenbesitzer zu besuchen und dort auszuprobieren, welches Obst einem am besten schmeckt.

Ist ein Obstgarten erst einmal etabliert, hat man mit ihm viel weniger Arbeit als mit einem Gemüsegarten. Überprüfen Sie zu Beginn, ob die Sorte, die Sie gewählt haben, für Ihren Boden, Ihr Klima und den Ihnen zur Verfügung stehenden Platz geeignet ist, um Problemen vorzubeugen. Ernten Sie Obst an einem trockenen Tag und schütteln Sie niemals den Baum oder die Pflanze. Heruntergefallenes Obst bekommt Flecken und verdirbt.

Obst wird in zwei Hauptkategorien eingeteilt:

Baumobst

Zu den größten und zugleich langlebigsten Obstpflanzen zählen Äpfel, Birnen und Pflaumen. Es gibt von ihnen verschiedene Arten, von sehr groß bis ganz klein. Normalerweise besitzen die Pflanzen nur einen Hauptstamm und nehmen die Form eines Baumes an. Es kann ein paar Jahre dauern, bis ein Baum Früchte trägt, aber einmal ausgewachsen hält er länger und bringt größere Erträge als Beerenobstpflanzen.

Die meisten Obstbäume haben gerne andere als Partner, damit sie sich gegenseitig befruchten können. Manche Obstbäume sind jedoch selbstbefruchtend. Damit sie sich gegenseitig bestäuben können, müssen die Bäume aus derselben Familie stammen. Ein Birnbaum kann zum Beispiel keinen Apfelbaum bestäuben. Sie brauchen mindestens zwei Sorten der Obstbaumart, die Sie pflanzen. Wenn die Bäume blühen, werden sie durch Insekten – hauptsächlich Bienen – bestäubt. Wenn Sie nur einen Baum haben, können Sie von einem anderen Baum Zweige „ausleihen": Suchen Sie einen freundlichen Nachbarn mit derselben Baumart und fragen Sie ihn, ob Sie ein paar Zweige abschneiden dürfen. Diese stellen Sie in einem Eimer Wasser unter Ihren Baum. Von da an erledigen die Bienen die Arbeit des Bestäubens für Sie.

Beerenobst

Hierzu zählen u. a. Himbeeren, Brombeeren, Erdbeeren, Stachelbeeren, Blaubeeren und Johannisbeeren. Dabei handelt es sich zwar um ausdauernde Pflanzen, sie sollten jedoch alle paar Jahre erneuert werden, um bestmögliche Ernten zu erhalten. Oft benötigen Beerensträucher eine Art Stütze aus Stöcken, Draht oder Pfosten. Dadurch spart man Platz, die Erträge werden gesteigert, und die Stütze trägt das Gewicht der sich entwickelnden Früchte. Mehr als Baumobst neigt Beerenobst dazu, von Vögeln angegriffen zu werden, und benötigt deshalb unter Umständen verstärkten Schutz durch Netze.

Gegenüberliegende Seite: *Da es viele verschiedene Apfelsorten gibt, sollten Sie ausgiebig probieren, bevor Sie entscheiden, welche Sie anbauen wollen.*

Den Standort vorbereiten

Obstbäume und -sträucher benötigen Sonne, damit die Triebe, die die Blütenknospen tragen, reifen können. Allerdings vertragen manche auch ein wenig Schatten. Alle Obstarten bevorzugen gut durchlässige Böden, und die Blüten müssen vor Frost und kaltem Wind geschützt werden. Abhängig von Ihrem Grundstück müssen Sie vielleicht für Windschutz sorgen. Achten Sie dabei darauf, dass dieser nicht zu viel Schatten direkt auf die Pflanzen wirft.

Mischen Sie viel gut verrotteten Mist oder Kompost unter die Erde und mulchen Sie junge Pflanzen während Trockenperioden, damit sie nicht austrocknen. Wurzelnackte Pflanzen tauchen Sie vor dem Einpflanzen ein paar Stunden lang in einen Eimer mit Wasser, um ihnen zu einem guten Start zu verhelfen.

Hinweise für den Beschnitt

Obstpflanzen wachsen üppig, wenn man sie sich selbst überlässt. Wenn sie jedoch in Ihrem Garten wachsen, leitet das Schneiden den Wuchs in eine bestimmte Richtung und begrenzt die Größe Ihrer Pflanze. Beschnittene Obstpflanzen bringen normalerweise größere Früchte hervor als Pflanzen, die wild wachsen.

Die oberste Knospe an einem beschnittenen Zweig wächst für gewöhnlich zuerst und zwar in die Richtung, in die sie zeigt. Wenn Sie schneiden, überlegen Sie, in welche Richtung Ihre Pflanze wachsen soll. Als Anhaltspunkt kann gelten, die Seitentriebe im Sommer bis auf fünf Blätter zurückzuschneiden, im Winter bis auf zwei Knospen, wobei Sie immer oberhalb einer Knospe schneiden sollten. Junge, grüne Triebe sind leichter zu lenken, weil sie weich und biegsam sind. Passen Sie auf bei älteren Zweigen: Sie können spröde sein und abbrechen.

Wenn man Bäume schneidet, müssen die Schnitte sauber sein. Schneiden Sie alle ausgefransten Teile ab und verwenden Sie nur scharfe Scheren. Es ist normal, dass man ein paar falsche Schnitte macht. Dadurch bilden sich Stümpfe aus totem Holz. Schneiden Sie sie ab und bestreichen Sie die Schnittflächen mit einem gekauften natürlichen Harz – wählen Sie eines, das für organisches Gärtnern geeignet ist –, um sie zu versiegeln und um den Baum vor Krankheiten und Schädlingen zu schützen. Das Harz bietet auch einen gewissen Schutz vor Frost.

UNTEN: Mit einer solchen Konstruktion aus Streben und Netzen kann man sein Obst vor unliebsamen Angriffen durch Vögel und Schädlinge schützen.

Obstgehölz in Form halten

Sie benötigen ein paar grundlegende Geräte, um Ihre Obstbäume zu beschneiden:
- Messer/Hippe
- Astschere mit langen Holmen
- Zweischneidige Gartenschere
- Astsäge

Halten Sie die Schnittwerkzeuge scharf. Wenn Sie kranke Pflanzenteile abschneiden, desinfizieren Sie die Geräte hinterher, damit andere Pflanzen nicht angesteckt werden.

Spaliere

Es gibt verschiedene dekorative Formen, in die Sie Ihre Obstbäume durch den richtigen Schnitt bringen können. Das spart Platz und steigert den Ertrag.

Fächerspalier Die meisten Obstbäume können als Fächer gezogen zu werden, und das funktioniert gut vor Südwänden. Die Bäume bestehen aus einem kurzen, geraden, ca. 45 cm hohen Stamm mit Ästen in Fächerform. Die Fächer benötigen horizontal gespannte Drähte als Stütze. Erziehen Sie einen einjährigen Baum mit Stöcken an Drähten, die Abstände von 15 cm zueinander haben.

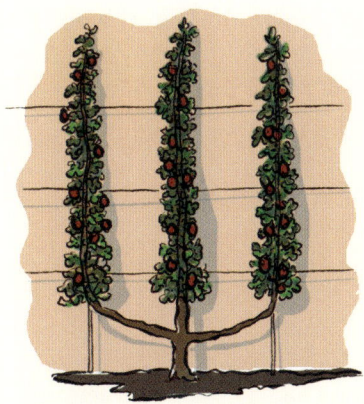

Kordons Junge Obstbäume können an einem Zaun erzogen werden, entweder aufrecht oder in einem Winkel, mit einem Stamm und ohne lange Seitentriebe. Schrägkordons erleichtern das Pflücken. Verwenden Sie eine einjährige Pflanze mit einem einzelnen, starken Leitast.

Waagerechtes Spalier Zwischen zwei Pfosten sind Drähte im Abstand von 30 cm gespannt. Der Leitast wird dazu erzogen, vertikal in die Höhe zu wachsen, die Seitenäste werden im 90°-Winkel an Stöcke gebunden, die an den Drähten befestigt sind.

Der Küchengarten

Äpfel

Von diesem für kälteres Klima bestens geeigneten Obst gibt es tausend verschiedene Sorten. Wählen Sie eine, die Ihrem Geschmack entspricht und zu Ihrem Klima passt. Äpfel gedeihen in den meisten Böden gut, stehen aber nicht gerne in kalkhaltigen Böden.

Pflanzung Die Pflanzung ist abhängig von der Sorte. Wurzelnackte Bäume pflanzen Sie im Herbst ein, Containerpflanzen können Sie das ganze Jahr über einsetzen. Entfernen Sie jegliches Unkraut und mischen Sie viel gut verrotteten Mist oder Kompost unter die Erde. Die Markierung am Stamm sollte sich auf einer Höhe mit der Erde befinden und die Wurzeln sollten gleichmäßig im Pflanzloch verteilt sein. Füllen Sie das Loch mit Erde auf, die zuvor mit gut verrottetem Mist oder Kompost vermischt wurde. Halten Sie die Baumscheibe frei von Unkraut und Gras.

Junge Bäume benötigen eine Stütze, sobald sie eingepflanzt sind. Für Kordons und Spaliere sollten Sie vor dem Pflanzen horizontale Drähte spannen. Gießen Sie junge Bäume während Trockenzeiten und mulchen Sie sie gut.

Beschnitt In den ersten vier Jahren dient das Beschneiden dazu, die Äste zu einem Gerüst zu erziehen, um gute Erträge zu erzielen. Schneiden Sie sie so, dass der Baum eine offene Krone und ein kelchförmiges Aussehen erhält. Entfernen Sie tote oder schwache Äste und Zweige.

Ernte Große Bäume fangen nach ungefähr vier bis sechs Jahren an, Früchte auszubilden, Zwergsorten bereits ca. zwei Jahre nach der Pflanzung. Pflücken Sie die Äpfel auf ihrem Höhepunkt.

LINKS: *Im Morgentau glitzernde Äpfel – reif und bereit, geerntet zu werden.*

Birnen

Sie benötigen etwas wärmere Bedingungen als Äpfel und blühen etwas früher, werden aber auf ganz ähnliche Art und Weise angebaut und mögen dieselben Bodenbedingungen.

Eine reiche Ernte kann die Äste zum Brechen bringen. Stützen Sie Äste voller Früchte auf hohen Pfosten ab und binden Sie die Mitte des Astes mit einem starken Seil daran fest.

Pflanzung Wie beim Apfelbaum hängt die Pflanzung von der Sorte ab. Wurzelnackte Bäume pflanzen Sie im Herbst, Containerpflanzen zu einem beliebigen Zeitpunkt im Jahr. Entfernen Sie jegliches Unkraut und mischen Sie viel gut verrotteten Mist oder Kompost unter die Erde. Junge Bäume benötigen eine Stütze. Gießen Sie junge Bäume während Trockenzeiten und mulchen Sie sie gut.

Beschnitt Birnbäume benötigen in den ersten vier Jahren ihres Lebens einen Erziehungsschnitt, um das Gerüst für eine spätere gute Ernte zu erhalten. Die Äste müssen streng zurückgeschnitten werden, um einen Baum mit offener Krone zu erhalten. Nach vier Jahren benötigen die Bäume nur noch einen Erhaltungsschnitt, bei dem totes Holz entfernt wird. Kordons und Spaliere sowie Zwergsorten schneidet man am besten im Sommer, damit die Bäume nicht zu stark austreiben.

Ernte Wenn sich die Früchte leicht vom Baum pflücken lassen, sind sie reif. Bewahren Sie die Birnen an einem kühlen Ort auf Regalen oder in Kisten auf, bis sie Genussreife haben. Wenn sie gegessen werden können, lassen Sie sie drinnen an einen warmen Ort weich werden.

RECHTS: *Birnen sind vielseitige, saftige Früchte und lassen sich leicht anbauen.*

Kirschen

Diese köstlichen Früchte sind auch bei der Vogelschar sehr beliebt. Deshalb müssen sie mit Netzen geschützt werden.

Pflanzung Kirschen akzeptieren sowohl einen vollsonnigen als auch einen schattigen Standort. Gießen Sie während Trockenperioden oder bei Pflanzung in trockenem Boden regelmäßig. Sorgen Sie für eine gleichmäßige Feuchtigkeitszufuhr, weil starkes, unregelmäßiges Gießen zum Aufplatzen der Früchte führen kann.

Beschnitt Beschneiden Sie den Baum im Frühling und Sommer. Schneiden Sie fruchtende Triebe nach der Ernte ab und dünnen Sie im Frühjahr die jungen Triebe so aus, dass Sie Ersatztriebe haben, die eine neue Ernte tragen.

Ernte Pflücken Sie die Früchte mitsamt ihren Stängeln, sobald sie reif sind.

Pflaumen

Bester Standort ist der höchste Punkt in Ihrem Garten und viel Sonne. Da Vögel von Pflaumenbäumen alle Knospen und Früchte verschlingen, schützen Sie sie mit Netzen. Gießen Sie während Trockenperioden. Sorgen Sie für eine gleichmäßige Feuchtigkeitszufuhr, sonst können die Früchte aufplatzen. Hacken Sie auf der Baumscheibe, um das Unkraut unter Kontrolle zu halten, aber passen Sie auf, dass Sie dabei nicht die jungen Wurzeln beschädigen.

Stützen Sie Äste voller Früchte auf hohen Pfosten ab und binden Sie die Mitte des Astes mit einem starken Seil daran fest.

Pflanzung Pflanzen Sie im Herbst in feuchtigkeitsspeichernden, gut durchlässigen Böden und stützen Sie junge Bäume während der ersten fünf Jahre mit einem Pflock.

Beschnitt Die Äste von zwei- oder dreijährigen Bäumen beschneidet man im zeitigen Frühjahr. Wählen Sie beim zweijährigen Baum drei bis fünf Zweige aus. Beim dreijährigen Baum sollten acht kräftige Zweige etabliert werden, mehrere schwächere Zweige bleiben stehen. Einen ausgereiften Baum schneidet man im späten Frühjahr oder frühen Sommer. In diesem Stadium dient der Schnitt nur noch der Erhaltung und soll verhindern, dass der Baum zu viele Früchte trägt.

Ernte Ernten Sie die Früchte, wenn sie sich leicht vom Baum pflücken lassen. Die Stängel bleiben dabei normalerweise am Baum.

Gegenüberliegende Seite und oben: *Pflaumen gibt es in vielen verschiedenen wunderbaren Farben. Alle sind süß und saftig. Sie eignen sich auch gut zum Einmachen und für Soßen.*

Der Küchengarten

Himbeeren

Himbeersträucher können acht bis zwölf Jahre lang produktiv sein und die Erntezeit im Sommer kann drei bis sechs Wochen lang dauern. Sie gedeihen gut in kühlen, feuchten Sommern, was sie zum perfekten Obst für kühlere Gegenden macht. Es gibt Frühsommer- und Herbstsorten. Pflanzen Sie Sommerhimbeeren vom späten Sommer bis zum frühen Herbst, Herbsthimbeeren zu Beginn des Frühlings.

Himbeeren produzieren Seitentriebe, die unter der Erde wandern und irgendwo in der Nähe der eigentlichen Reihe auftauchen. Halten Sie die Augen nach diesen Treiben offen und durchtrennen Sie sie auf der Wurzelebene mit einem Spaten.

Schützen Sie die Früchte mit Netzen vor Vögeln.

Pflanzung Himbeeren mögen gut durchlässige Böden ohne Staunässe. Sie benötigen eine Stütze, z. B. Stöcke, Pfosten oder einen Drahtzaun. Suchen Sie eine geschützte Stelle und vermeiden Sie windige Standorte. An einem sonnigen Ort fühlen sie sich wohler, akzeptieren aber auch ein wenig Schatten.

Entfernen Sie jegliches Unkraut von der Pflanzstelle und graben Sie ein Loch, so groß, damit sich die Wurzeln ausbreiten können. Bedecken Sie sie mit einer Mischung aus Erde und gut verrottetem Mist oder Kompost. Gießen Sie die Pflanzen regelmäßig, vor allem junge Pflanzen und wenn sie Früchte tragen.

Beschnitt Lassen Sie die ersten Ruten wachsen, aber schneiden Sie die ersten Triebe zurück, bevor sie blühen. Die zweijährigen Ruten werden dann Früchte tragen. Am Ende der Saison schneiden Sie das alte Holz weg und lassen Sie die neuen Triebe fürs nächste Jahr stehen.

Ernte Pflücken Sie die Beeren, wenn sie himbeerrosa sind und sich noch fest anfühlen. Ernten Sie nicht an regennassen Tagen, sonst können die Früchte verfaulen.

LINKS: *Himbeeren sind weich und schmecken süß.*

Rote und Weiße Johannisbeeren

Die Beeren hängen in Trauben an den kurzen Seitentrieben der Hauptäste. Schützen Sie Ihre Johannisbeersträucher mit Netzen, weil Vögel es auf die Beeren abgesehen haben.

Sie sollten von Hand jäten, weil Sie mit der Hacke die Wurzeln nahe der Erdoberfläche beschädigen könnten, was Wildtriebe ermutigt. Wildtriebe sollten nach der Ernte von den Wurzeln entfernt werden. Gießen Sie gründlich, vor allem wenn die Früchte erscheinen.

Pflanzung Kaufen Sie bei Ihrem Händler zweijährige Pflanzen. Der Strauch sollte kurz und kräftig sein und vier gleichmäßig verteilte Äste besitzen.

Pflanzen Sie wurzelnackte Sträucher im Spätherbst oder Anfang Frühling. Containerpflanzen können Sie das ganze Jahr über einsetzen.

Pflanzen Sie die Sträucher in die Sonne oder in den Halbschatten an eine geschützte Stelle. Wilde Johannisbeeren findet man oft in sonnendurchfluteten Wäldern in gemäßigten nördlichen Regionen. Johannisbeersträucher wachsen in den meisten Böden gut, bevorzugen aber gut durchlässige Erde. Entfernen Sie jegliches Unkraut von der Pflanzstelle. Graben Sie ein ausreichend großes Loch, in dem sich die Wurzeln gleichmäßig ausbreiten können. Bedecken Sie sie gut mit einer Mischung aus Erde und viel gut verrottetem Mist. Gut angießen.

Beschnitt Beschnitt im Winter regt die Bildung zahlreicher Fruchtsprosse an. Schneiden Sie an den Leitästen junges Holz auf die Hälfte zurück und reduzieren Sie die Seitentriebe, damit diese nicht die Leitäste behindern. Schneiden Sie totes oder krankes Holz weg und sorgen Sie dafür, dass die Mitte des Strauches nicht zu dicht wird.

Ernte Wenn die Früchte glänzen, können sie geerntet werden.

RECHTS: *Mit ihrem herben Geschmack stimulieren rote Johannisbeeren die Geschmacksknospen. Sie ergeben ein köstliches Gelee.*

Erdbeeren

Erdbeeren sind das beliebteste Beerenobst. Sie sind sowohl im Beet als auch in Gefäßen sehr leicht anzubauen. Nach zwei Jahren sind die Pflanzen am ertragreichsten und halten im Normalfall drei oder vier Jahre lang. Sorten mit großen Früchten produzieren Ausläufer, an denen junge Pflanzen hängen. Wenn man diese in die Erde pflanzt, erhält man neue Erdbeerpflanzen.

Pflanzung Erdbeeren bevorzugen einen sonnigen, geschützten Standort, vertragen aber ein wenig Schatten. Das Wasser muss gut ablaufen können, und die Erde sollte mit gut verrottetem Mist oder Kompost versetzt sein. Pflanzen Sie kleine Pflanzen im Spätsommer ein. Der Abstand zwischen den Pflanzen sollte 30 cm betragen, der Abstand zwischen den Reihen 45 cm. Graben Sie ein ausreichend großes Loch und achten Sie darauf, dass sich die Oberseite des Wurzelballens mit der Erdoberfläche gleichauf befindet. Mit Erde bedecken und gut gießen. In Gefäßen können Sie jederzeit pflanzen. Nachdem die Pflanzen Früchte hervorgebracht haben, entstehen an ihnen neue Triebe. Diese kleinen Pflanzen können in die Garten- oder Blumenerde gedrückt werden, damit sie Wurzeln bilden können. Dann trennt man sie von der Mutterpflanze ab und pflanzt sie an anderer Stelle neu ein.

Zum Schutz vor Frost bedecken Sie sie mit Vlies oder Hauben. Mulchen Sie mit Stroh, das auch die Früchte von der feuchten Erde fernhält. Gießen Sie alle Pflanzen während Trockenzeiten, und zwar morgens, so dass die Pflanzen den Tag über trocknen können. Schützen Sie die Früchte mit Netzen vor Vögeln.

Beschnitt Direkt nach der Ernte aller Früchte schneiden Sie alle Blätter ca. 7,5 cm über der Erde ab.
Ernte Pflücken Sie die Erdbeeren, wenn sie rot und glänzend sind. Ernten Sie häufig, um die Bildung neuer Früchte anzuregen.

Links. *Leuchtend rote Erdbeeren für Erdbeermarmelade oder pur mit Sahne oder Naturjoghurt.*

Erdbeeren in eine Kiste pflanzen

Erdbeeren gedeihen sehr gut in Gefäßen. In einer alten hölzernen Obstkiste bilden die leuchtend roten Erdbeeren einen reizvollen Kontrast – eine attraktive Ergänzung für Ihren Garten oder ein zauberhaftes Geschenk. Das Moos wird als Dekoration von außen in die Ritzen der Kiste gestopft, um den schwarzen Plastiksack zu verdecken.

1 Schneiden Sie einen Sack – z. B. die Plastikverpackung von Pflanzenerde – auf und kleiden Sie damit das Innere der Obstkiste aus. Schneiden Sie mehrere Löcher in den Boden des Sacks.

2 Legen Sie als Dränageschicht entweder ein paar Scherben zerbrochener Tontöpfe oder kleine Styroporstücke in die Kiste und verteilen Sie sie gleichmäßig auf dem Boden.

3 Füllen Sie die Kiste mit hochwertiger, feuchtigkeitsspeichernder Pflanzenerde.

4 Pflanzen Sie 6–8 Erdbeerpflanzen in gleichmäßigen Abständen ein und gießen Sie sie an.

5 Rupfen Sie Moos in Stücke und stopfen Sie es in die Ritzen an den Seiten. Stellen Sie die Kiste an einen warmen, sonnigen Ort, bis Früchte erscheinen.

6 Dann legen Sie etwas sauberes Stroh um die Pflanzen. Das hält das Gewicht der Erdbeeren und fungiert als Mulch, um die Temperatur der Erde niedrig zu halten.

Der Küchengarten

KRÄUTER ZIEHEN

Kräuter sind genauso wichtig wie Gemüse: Nicht nur, dass sie in der Küche nicht fehlen dürfen, sie können auch therapeutisch und kosmetisch verwendet werden, z. B. in gesundheitsfördernden Tees, parfümierten Seifen und beruhigenden Handcremes.

Schmecken Sie den Unterschied

In Geruch und Geschmack sind frisch geerntete Kräuter ihren im Laden gekauften Pendants weit überlegen. Deshalb benötigen Sie davon auch weniger als im Rezept angegeben. Ich habe einmal in mein Lieblings-Risotto genauso viel von meiner frisch gepflückten Petersilie gegeben wie früher von der kommerziell angebauten. Das Gericht war komplett verdorben, weil die Petersilie alle anderen Aromen übertüncht hat.

Welche Kräuter?

Wenn man sich entscheiden soll, welche Kräuter man anbauen möchte, ist die Wahl nicht einfach. Die beste Lösung ist es, mit einer Sammlung der wichtigsten Kräuter anzufangen und dann im Laufe der Zeit mit weiteren Sorten zu experimentieren.

Wie und wo man anbaut

Sie können Kräuter aus Samen im Haus in Saat- oder Anzuchtschalen vorziehen und später verpflanzen oder die Samen direkt ins Freiland säen.

Man kann Kräutersamen bzw. -sämlinge entweder zwischen den Reihen im Gemüsebeet verteilen oder ihnen einen eigenen Platz im Küchengarten zuweisen – am besten in der Nähe der Küche, dann müssen Sie nicht so weit laufen, wenn Sie etwas auf dem Herd brutzeln haben. Kräuter gedeihen normalerweise nicht in sauren Böden. Sie mögen gut durchlässige Erde an einem geschützten und sonnigen Standort. Geben Sie keinen Mist, sondern lieber Kompost oder Laubkompost hinzu. Entfernen Sie jegliches Unkraut aus dem Kräutergarten.

Ernten Sie regelmäßig Blätter und Triebspitzen. Das hält die Pflanzen in Form und verhindert, dass sie Samen ansetzen. Außerdem regt es den Neuaustrieb an.

UNTEN: *Bauen Sie eine Auswahl von Kräutern an, die Sie am meisten verwenden.*

Basilikum

Verwendung Dieses beliebte Kraut wird wegen seines aromatischen Duftes und Geschmackes angebaut. Die Blätter werden sowohl roh als auch gekocht verzehrt und schmecken großartig im Salat, zur Pasta und in vielen anderen Gerichten.

Hinweise für den Anbau Sie können Basilikum drinnen oder draußen anbauen – je nach den Wetterbedingungen. Basilikum ist eine Pflanze für wärmeres Klima, deshalb bevorzugt es feuchte Erde und wird am besten im zeitigen Frühjahr (drinnen) oder während des Spätfrühlings (draußen, wenn das Wetter wärmer geworden ist) ausgesät.

Wenn die Sämlinge zu wachsen begonnen haben, müssen sie in größere Töpfe (ca. 13 cm Durchmesser) vereinzelt werden. Pflanzen Sie ungefähr fünf Sämlinge in einen Topf. Wenn sie für die Töpfchen zu groß geworden sind, pflanzen Sie sie in größere Gefäße um. Wählen Sie beim Vereinzeln die kräftigsten Sämlinge aus. Verwenden Sie die anderen zum Kochen.

Pflanzen Sie die Sämlinge draußen an einen vollsonnigen Standort und lassen Sie Abstände von 15–20 cm. Wenn Basilikum anfängt zu blühen, schneiden Sie die Blütenstände ab, um den Blattaustrieb anzuregen und den Wohlgeschmack der Pflanze zu bewahren. Ernten Sie die obersten Blättchen zuerst. Ernten Sie niemals alle Blätter von einer Pflanze.

Lorbeer

Verwendung Die Blätter dieses mäßig winterharten kleinen Baumes oder Strauches können das ganze Jahr über gepflückt und frisch zum Kochen verwendet werden. Sie können die Lorbeerblätter auch trocknen und in einem luftdicht verschließbaren Behälter an einem kühlen, trockenen und dunklen Ort für späteren Gebrauch aufbewahren.

Hinweise für den Anbau Pflanzen Sie kleine Pflanzen im Herbst oder Frühling aus. Besprühen Sie die Blätter mit Wasser, um sie sauber zu halten. Lorbeer kann als Kübelpflanze gezogen werden, was ihm in kälterem Klima Schutz bietet. Stellen Sie die Kübel während der Wintermonate ins Haus.

Schnittlauch

Verwendung Die violetten, kugelförmigen Blütenköpfe üben auf Bienen eine große Anziehungskraft aus. Schnittlauch gehört zur Familie der Zwiebelgewächse und hat einen dezenten, Zwiebeln und Knoblauch ähnlichen Geschmack. Sie können sowohl die Blüten als auch die Stängel verwenden.

Hinweise für den Anbau Schnittlauch kann als kleine Pflanze gekauft oder aus Samen gezogen werden. Die Aussaat erfolgt im Frühling. Setzen Sie die Pflanzen im Abstand von 23 cm an einen sonnigen oder leicht schattigen Standort.

UNTEN: Im Gewächshaus gezogenes Basilikum soll die Weiße Fliege vertreiben.

UNTEN: Entfernen Sie die Stängel und zerbröseln Sie die Blütenköpfe über Ihrem Salat.

Koriander

Verwendung Diese Pflanze wird sowohl wegen ihrer zarten Blätter als auch ihrer aromatischen Samen angebaut. Beide besitzen einen ziemlich unterschiedlichen Geschmack. Korianderblätter (und auch die Wurzeln) sind in chinesischen und thailändischen Gerichten sehr beliebt. In der indischen Küche finden die Blätter und auch die Körner ebenfalls Verwendung.

Hinweise für den Anbau Blattkoriander: Säen Sie ihn in der Mitte des Frühlings direkt ins Freiland und dünnen Sie auf 23 cm Abstand aus. Nachsaaten in Abständen von fünf bis sechs Wochen sind bis Anfang Herbst möglich. Ernten Sie, wenn die Pflanzen 15 cm groß sind und lassen Sie sie nachwachsen. Körnerkoriander: Säen Sie ihn in der Mitte des Frühlings direkt ins Freiland und dünnen Sie auf 5 cm Abstand aus. Ernten Sie die Samen im Spätsommer, kurz bevor sie reif sind. Legen Sie die Samenköpfe zum Trocknen in eine Papiertüte.

Fenchel

Verwendung Die Blätter dieser Staude, die nützliche Insekten anzieht, haben einen süßen, anisartigen Geschmack. Dies gilt auch für die Samen, die man gemahlen oder im Ganzen zu Fisch und in anderen würzigen Gerichten verwenden kann.

Hinweise für den Anbau Ziehen Sie Fenchel von Anfang bis Mitte des Frühlings aus Samen und pflanzen Sie die Sämlinge in Abständen von 60 cm an einem vollsonnigen Standort in gut durchlässige Erde. Die Pflanzen können 1,5–1,8 m hoch werden. Pflücken Sie die Blätter im Sommer und sammeln Sie die Samen während des Spätsommers.

Minze

Verwendung Für Minze gibt es unzählige Verwendungsmöglichkeiten, sie kann besonders dazu dienen, den Geschmack der anderen Gemüsesorten zu verstärken, wie den neuer Kartoffeln, Erbsen und Bohnen. Sie eignet sich auch großartig dafür, erfrischende und heilende Tees zuzubereiten.

UNTEN: *Fenchel hat attraktive, farnartige Blätter und wunderschöne gelbe Blüten.*

UNTEN: *Minze wächst sehr üppig.*

Hinweise für den Anbau Minze ist sehr starkwüchsig und nimmt schnell anderen Pflanzen und Kräutern den Platz weg. Um dies zu verhindern, bauen Sie Minze in Töpfen an und pflanzen Sie den ganzen Topf ins Beet. Ernten Sie Blätter und Triebspitzen nach Bedarf. Schneiden Sie die Pflanzen im Hochsommer auf den Boden zurück, um im Herbst frische Triebe ernten zu können.

Petersilie

Verwendung Sie ist vermutlich das am häufigsten verwendete Küchenkraut und verfeinert Soßen, Suppen und Salate. Die glattblättrige Variante – im Gegensatz zur krausblättrigen – ist die Petersilie der Wahl für mediterrane Gerichte.

Hinweise für den Anbau Sie können kraus- und glattblättrige Petersilie vom zeitigen Frühjahr bis zur Mitte des Sommers in feuchter, nährstoffreicher Erde ziehen. Petersilie mag lichten Schatten oder volle Sonne. Vereinzeln Sie die Sämlinge auf Abstände von 15 cm und gießen Sie gut während Trockenperioden.

Rosmarin

Verwendung Dieser immergrüne Strauch hat aromatische, nadelartige Blätter, die man zum Verfeinern von Fleisch, vor allem Lamm, Geflügel und Wild, sowie gebratenem Gemüse und selbst gebackenem Brot verwenden kann.

Hinweise für den Anbau Rosmarin wächst überall üppig, bevorzugt jedoch gut durchlässige Erde und einen sonnigen Standort. Er wird normalerweise nicht aus Samen gezogen, sondern über Stecklinge vermehrt. Schneiden Sie die oberen 5 cm eines neuen Triebes von einer reifen Pflanze ab, entfernen Sie die unteren Blätter und tauchen Sie das untere Ende in ein Bewurzelungshormon. Stecken Sie dieses Ende in ein Gefäß mit angefeuchteter Anzuchterde, stellen Sie es an einen warmen Ort und besprühen Sie den Steckling täglich mit Wasser. Wenn sich Wurzeln gebildet haben, verpflanzen Sie den Steckling in einen einzelnen Topf oder ins Freiland und zwicken Sie die Spitze ab, um das Wachstum der Seitentriebe anzuregen.

UNTEN: *Glatte und krause Petersilie gedeihen gut in Gefäßen.*

UNTEN: *Rosmarin gibt einen großartigen Bodendecker ab.*

Salbei

Verwendung Dieser winterharte, immergrüne Strauch besitzt hoch aromatische Blätter und wird traditionell zum Aromatisieren von Schweinefleisch und Füllungen verwendet.

Hinweise für den Anbau Säen Sie im Frühling in Töpfen und pflanzen Sie die Sämlinge an einen sonnigen Standort mit gut durchlässiger Erde in Abständen von 60 cm. Kneifen Sie die Triebspitzen aus und schneiden Sie die Pflanzen nach der Blüte zurück. Tauschen Sie die Pflanzen alle fünf bis sechs Jahre aus.

Sauerampfer

Verwendung Die Blätter des Sauerampfers haben einen herben, zitronenartigen Geschmack und werden wie Spinat gekocht und gegessen. Der Saft der Blätter entfernt Rost-, Schimmel- und Tintenflecken aus Leinen, von Korbwaren und von Silber. Sauerampfer ist auch eine gute Färberpflanze und ergibt einen gelben oder grünen Farbton.

Hinweise für den Anbau Sauerampfer mag saure Böden, die die Feuchtigkeit gut speichern. Bauen Sie ihn in voller Sonne an. Säen Sie ihn im Frühjahr aus und teilen Sie ihn jedes zweite Jahr, um die saftigen Blätter beizubehalten.

Estragon

Verwendungsmöglichkeiten Die Blätter dieser ausdauernden Würzpflanze haben einen intensiven, anisartigen Geschmack. Man verwendet sie für Geflügel-, Eier- und Käsegerichte oder zur Zubereitung von Estragonessig für Salatsoßen.

Hinweise für den Anbau Die Wurzeln dieser Pflanze breiten sich stark aus. Säen Sie sie Mitte bis Ende des Frühlings in Töpfe und pflanzen Sie den gesamten Topf in die Erde. Setzen Sie die Pflanzen in 30 cm Abstand an einen warmen Ort mit gut durchlässiger Erde. Ernten Sie von Früh- bis Spätsommer nach Bedarf, und zwar die oberen Zweige zuerst, um den Neuaustrieb zu fördern.

UNTEN: *Violetter Salbei hat große Blätter mit samtiger Oberfläche.*

UNTEN: *Sauerampfer ähnelt Spinat und wird manchmal auch „Ewiger Spinat" genannt.*

Thymian

Verwendung Die kleinen, aromatischen, grün-grauen Blättchen werden als Gewürz verwendet: frisch oder getrocknet, am ganzen Zweig oder klein gehackt. Thymian passt sehr gut zu allen Arten von Fleisch-, Geflügel-, Fisch- und Gemüsegerichten.

Es gibt viele verschiedene Sorten, aber der Gewöhnliche oder Gartenthymian ist die beliebteste. Zitronenthymian mit seinem intensiven Aroma ist jedoch auch eine gute Wahl.

Hinweise für den Anbau Am besten kauft man Thymian als junge Pflanze. Setzen Sie die Pflanzen Mitte bis Ende des Frühlings im Abstand von 23 cm in gut durchlässige Erde an einen sonnigen Standort. Ernten Sie junge Triebe, indem Sie sie vom Strauch abpflücken oder -schneiden. Erneuern Sie ihn alle vier bis fünf Jahre. Es ist nicht nötig, die Blättchen von den verholzten Zweigen zu streifen, weil auch sie sehr aromatisch sind. Hacken Sie einfach die Zweige und Blättchen sehr fein.

Tipps Verwenden Sie frisch gepflückte Kräuter mit Bedacht, denn sie schmecken viel intensiver als gekaufte.

- Es gibt von jedem Kraut so viele verschiedene Varianten. Probieren Sie einige, bevor Sie entscheiden, welche Sie anbauen.

- Kräuter eignen sich sehr gut zur Zubereitung von Tees. Überbrühen Sie die gepflückten Kräuter mit heißem Wasser und entfernen Sie Stängel und Blätter nach dem Ziehen.

UNTEN: *Thymian hat winzige Blättchen und holzige Stängel. Hacken Sie den ganzen Stängel mit den Blättern klein und geben Sie alles zusammen zu den übrigen Zutaten.*

WILDFRÜCHTE UND WILDKRÄUTER

Die Hecken, Wälder und Felder der näheren Umgebung nach Essbarem zu durchsuchen, in die Küche zurückzukehren und das Gefundene zuzubereiten, ist eine tolle Möglichkeit, das Wochenende zu verbringen. Kindern die Suche nach versteckten Nüssen, Blättern und Beeren zu zeigen, ist umso aufregender, als es sich dabei um eine kostenlose Nahrungsquelle handelt.

Welche wild wachsenden Früchte Sie ernten können, hängt natürlich von der Natur in Ihrer Gegend ab. Am besten versuchen Sie herauszufinden, was die Leute Ihrer Gemeinde von den Hecken und anderen öffentlich zugänglichen Gebieten gegessen haben. Ich behandle in diesem Teil keine Wildpilze, weil man sich absolut sicher sein muss, welche Pilze gefahrlos verzehrt werden können – andernfalls können die Folgen tödlich sein.

Für viele Leute sind Sommer und Herbst die besten Zeiten, um in der Natur nach Essbarem zu suchen, aber im Sommer sind Wildfrüchte manchmal etwas knapp.

Der Frühling hingegen ist eine ausgezeichnete Zeit, um z. B. die Blattspitzen der Hänge-Birke und des Weißdorns zu sammeln, die – vermischt mit anderen Salatblättern – sehr schmackhaft sind. Oder sammeln Sie doch einmal im Spätsommer oder Herbst das Kletten-Labkraut, dessen klebrige Samen man trocknen lassen und anschließend rösten, mahlen und als Ersatz für Kaffeebohnen verwenden kann.

Meiden Sie wegen der Schadstoffe Gegenden, die zu nah an der Straße liegen. Wenn Sie sich auf fremde Grundstücke wagen, denken Sie daran, um

GEGENÜBERLIEGENDE SEITE: *Suchen Sie in Ihrer näheren Umgebung nach Wildfrüchten. Sie können nie wissen, was für aufregende Überraschungen in den Hecken und Sträuchern in Ihrer Nähe auf Sie warten.*

Erlaubnis zu fragen. Trampelpfade führen oft durch die Felder von Bauern, also gehören die Wildfrüchte jenen und nicht Ihnen.

Hier sind ein paar häufig vorkommende Wildfrüchte und -kräuter, nach denen Sie suchen können:

Hagebutten

Das sind die Samenkapseln von Rosen. Im heimischen Garten werden Rosen oft zurückgeschnitten, bevor sich die Hagebutten entwickeln können, aber in der freien Natur wachsen sie im Überfluss. Die kleinen, beerengroßen, rötlichen Samenkugeln am Ende der Stängel werden am besten nach den ersten Frösten gepflückt.

Holzäpfel

Diese kleinen Wildäpfel sind sehr bitter, wenn man sie roh isst, aber sie lassen sich gut einmachen und z. B. zu Holzapfelgelee verarbeiten.

Brombeeren

Das sind wahrscheinlich die bekanntesten Wildfrüchte. In vielen Familien ist es Tradition, im Frühherbst, wenn die Früchte an den stacheligen Sträuchern hängen, auf Brombeerjagd zu gehen und nach der Rückkehr Apfel-Brombeer-Auflauf oder Brombeergelee zuzubereiten.

Haselnüsse

Lassen Sie sie ein paar Tage lang trocknen, bis sie leicht aus ihrer Ummantelung befreit werden können. Man sagt ihnen eine aphrodisierende Wirkung nach.

Bärlauch

Wenn der Wald vom charakteristischen Duft erfüllt und der Boden mit saftigen, grünen Blättern und kleinen, weißen, duftigen Blütenköpfen bedeckt ist, ist der Frühling in vollem Gange. Sie können die ganze Pflanze für Salate verwenden oder die Blätter wie Spinat zubereiten.

Sauerampfer

Dieses Wildgemüse besitzt einen ausgeprägten zitronenartigen Geschmack und kann wie Spinat gekocht werden. Roh verwendet empfiehlt es sich – wie bei den meisten selbst gesammelten Wildkräutern –, die Blätter klein zu hacken und mit anderen Salatblättern zu vermischen, statt sie für sich zu essen.

Löwenzahn

Da diese Pflanze auf den meisten Wiesen wächst, müssen Sie nicht weit gehen. Löwenzahnblätter erntet man im zeitigen Frühjahr, wenn sie noch ganz jung sind und bevor die Pflanze blüht. Junge Löwenzahnblätter sind zart und schmecken roh in Salaten oder Sandwiches köstlich. Die Wurzel kann gemahlen und als Kaffeeersatz verwendet werden, und die Blüten können als Zutat als oder zur Dekoration dienen.

Holunderblüten und Holunderbeeren

Aus Holunder lässt sich ein ausgezeichneter Wein herstellen. Die Beeren können mit anderem Obst zusammen gekocht und zu Soßen, Likören, Gelees und Konfitüren verarbeitet werden.

LINKS: *Bärlauch ist immer ein Fest für die Sinne.*

RECHTS: *Tragen Sie stets Handschuhe, wenn Sie Wildfrüchte sammeln, zum Schutz vor Brennnesseln und Dornen.*

Brennnesseln

Es gibt kaum eine Hecke oder einen Garten ohne Brennnesseln, und Sie können sie dazu verwenden, köstliche Suppen und gesundheitsfördernde Tees zuzubereiten oder auch einen Flüssigdünger für Ihre Pflanzen herzustellen (siehe Seite 50). Fassen Sie Brennnesseln nicht mit bloßen Händen an, sondern tragen Sie Handschuhe oder verwenden Sie eine Zange. Um die Brennhaare unschädlich zu machen, müssen Brennnesseln gekocht werden, bis sie vollständig durchweicht bzw. zusammengefallen sind. Pflücken Sie nur die oberen 10 cm der Pflanzen. Gekocht lassen sie sich gut mit anderem grünen Gemüse vermischen, wie Spinat, Mangold oder Grünkohl.

Schlehen

Das sind die kleinen, pflaumenartigen Früchte des Schlehdorns, der oft Bestandteil einer Hecke ist oder an Feldrändern wächst. Selbst in der Stadt finden Sie wahrscheinlich in Parks oder im Gebüsch Schlehen. Die Früchte sind zu sauer, um roh gegessen zu werden, ergeben aber mit Gin und Zucker den berühmten Schlehengin. Man kann sie aber auch zu Konfitüren, Gelees oder Chutneys verarbeiten, mit ihnen Essig aromatisieren oder aus ihnen Wein herstellen.

Der Küchengarten

DIE ERZEUGNISSE AUFBEWAHREN

Obst und Gemüse lässt man am besten an der Pflanze oder am Baum, bis es reif ist, erntet und verzehrt es sofort. Aber manchmal werden alle Früchte einer Pflanze gleichzeitig reif. Vor allem Zucchini erzeugen eine Schwemme. An der Pflanze werden sie zu riesigen Kürbissen, sie schmecken aber viel besser, wenn sie klein und jung sind. Machen Sie Chutney oder Risotto daraus. Sie können sogar einen Kuchen damit backen.

Viele Gemüsearten halten sich eine Zeitlang im Kühlschrank in einer Plastiktüte und manche lassen sich gut einfrieren, aber nicht alle. Ich habe für jede Gemüseart individuelle Hinweise zur Aufbewahrung gegeben (siehe Seiten 64–121), aber im Folgenden erhalten Sie ein paar allgemeine Richtlinien für die Aufbewahrung verschiedener Erzeugnisse.

Zwiebeln und Peperoni

Zwiebeln und Knoblauchknollen lassen sich gut lagern, wenn sie zusammengebunden und an einem trockenen Ort aufgehängt werden (siehe Seiten 92–93). Peperoni können entweder zu einer Ristra zusammengebunden und zum Trocknen aufgehängt werden oder getrocknet und in luftdicht verschließbaren Behältern aufbewahrt werden.

Wurzelgemüse

Kartoffeln lassen sich gut in Papiersäcken aufbewahren, im Licht werden sie grün und giftig. Teilweise grün gewordene Kartoffeln können trotzdem verwendet werden, wenn man die grünen Teile vollständig wegschneidet. Die Papiersäcke sollten leicht geöffnet sein, damit Feuchtigkeit entweichen kann. Kartoffeln sollten kühl lagern, aber nicht eingefroren oder in Plastiktüten aufbewahrt werden.

Wenn der Boden in Ihrem Garten gut durchlässig ist, können Karotten und Pastinaken über Winter im Beet bleiben und nach Bedarf geerntet werden. Bei sehr kaltem Wetter tut ihnen ein wenig Schutz durch Vliese oder Hauben gut. Es ist ein wenig schwierig, sie bei Frost auszugraben.

Wurzelgemüse kann zwischen Schichten aus Sand in Kisten gelagert werden. Schneiden Sie das Laub von Karotten und Pastinaken ab und reißen Sie die Blätter der Roten Bete bis auf 1 cm über der Wurzelbasis ab. Bürsten Sie die Erde ab und achten Sie darauf, dass sie sich in der Kiste gegenseitig nicht berühren.

> **Tipp** Wenn Sie Ihr Obst und Gemüse nur kurze Zeit lagern wollen, stellen Sie Ihre Erzeugnisse in Körben, Holzkisten und anderen attraktiven Gefäßen aus: Genießen Sie es, Ihre Ernte in Regalen und auf Tischen in Ihrer Küche zu zeigen.

GEGENÜBERLIEGENDE SEITE UND RECHTS: *Stellen Sie Ihre Erzeugnisse in Ihrer Küche zur Schau. Vielleicht regt das andere dazu an, Ihre Leidenschaft zu teilen.*

Kürbisse

Lassen Sie die Schalen der Kürbisse zwei Wochen lang bei Zimmertemperatur aushärten. Anschließend lagern Sie sie bei 7–10 °C. Der Aufbewahrungsort sollte kühl, trocken und dunkel sein, wie z. B. ein kühl stehender Schrank, ein Keller oder eine Garage. Lagern Sie die Erzeugnisse auf Lattenregalen aus Holz.

Blattgemüse und Kräuter

Bewahren Sie Blattgemüse wie Salat, Spinat und Mangold in einer Plastiktüte im Kühlschrank auf. Frisches Blattgemüse wird am besten bis zum Verzehr an der Pflanze gelassen. Waschen Sie Salatblätter und trocknen Sie sie in einer Salatschleuder vor dem Aufbewahren in einer Tüte. Kräuter sollten Sie vor dem Aufbewahren ebenfalls waschen. Schneiden Sie die Stängel unten ab und stellen Sie die Kräuter in einem Glas Wasser in den Kühlschrank. Sie können auch eine Tüte darüberstülpen, um die Feuchtigkeit zu bewahren.

Äpfel und Birnen

Äpfel und Birnen lassen sich sehr gut in einer Holzkiste lagern. Wickeln Sie jedes Stück Obst einzeln in Papiertücher oder in Zeitungspapier ein. Achten Sie darauf, dass die Früchte sich nicht berühren und unbeschädigt sind. Um sie zusätzlich zu schützen, können Sie zwischen jede Lage Obst ein Stück Karton legen.

Gut erhalten

Die Früchte des Sommers bewahrt man am besten als Konfitüren und Gelees auf. Es ist ein Genuss, während der Wintermonate ein Glas selbst gemachte Konfitüre zu öffnen und von der Erinnerung an sonnige Tage im Garten erfüllt zu werden. Obst und Gemüse können auch zu Chutneys, Relishes oder Soßen verarbeitet oder mit Sirup oder Salzlake eingekocht werden.

Clevere Vorratshaltung

Waschen Sie Obst oder Gemüse nicht, bevor Sie es einlagern (nur Blattsalate und Kräuter). Reiben Sie Erde oder Schmutz einfach ab.

Sortieren Sie regelmäßig schlechte Stücke aus, damit die anderen nicht angesteckt werden.

Bewahren Sie Obst und Gemüse getrennt voneinander auf. Manche Obstarten beschleunigen den Reifeprozess bestimmter Gemüsearten. Für eine schnelle Reifung legen Sie die Frucht in eine Papiertüte und geben Sie einen Apfel oder eine Banane dazu.

Bewahren Sie Tomaten bei Zimmertemperatur auf. Nur aufgeschnitten gehören sie in den Kühlschrank.

Legen Sie Küchenpapier unter Obst und Gemüse im Kühlschrank, damit es Feuchtigkeit aufsaugen kann. Sie können auch in eine Plastiktüte, in der Sie Salat oder Kräuter aufbewahren, Küchentücher legen.

GEGENÜBERLIEGENDE SEITE: *Lagern Sie Äpfel einzeln in Papiertücher oder Zeitungspapier eingewickelt.*

UNTEN: *Bereiten Sie Konfitüren, Eingemachtes und Soßen zu, um Ihr Obst und Gemüse zu konservieren und im Winter genießen zu können.*

KAPITEL 4

Tierhaltung

Dieser Teil des Buches ist eher als Einführung in die Tierhaltung zu verstehen als ein genauer Ratgeber. Es gibt ganze Bücher, die sich speziell dem Thema Tierhaltung widmen und die umfassende Informationen darüber enthalten, wie man die jeweiligen Tiere mit Erfolg hält. Wenn Sie sich dafür entschieden haben, welche Tierart Sie halten wollen, können Sie sich an diese ausführlicheren Werke wenden. Das Halten von Tieren bringt eine große Menge täglicher Verpflichtungen mit sich. Überlegen Sie sich deshalb genau, welche Tiere zu Ihnen passen.

Wenn Sie sich auf der Suche nach einem „grüneren", selbstgenügsameren Lebensstil weiter vorwagen möchten, sind Tiere der vergnüglichste und befriedigendste Teil eines Bauerngartens. Sie werden zwar oft Ihre Geduld auf die Probe stellen: Die freche Ziege wird – wenn sie auch nur die geringste Möglichkeit dazu hat – das Internetkabel durchknabbern, und die abenteuerlustige Henne wird versuchen, all Ihr Gemüse aufzufressen. Trotzdem werden dieselben Tiere Ihnen auch viele schöne Momente bescheren: Wenn die Hühner flügelschlagend von einem Ende des Gartens ein Wettrennen um den saftigsten Wurm auf Ihrer Grabegabel veranstalten. Oder wenn Sie die Ziegen dabei erwischen, wie sie wie Hundebabys herumtollen. Und was könnte es Besseres geben, als den Tag mit einer Scheibe Toastbrot zu beginnen, die Sie mit Honig von Ihren eigenen Bienen bestrichen haben?

Vorher sollten Sie sich mit der rechtlichen Seite der Tierhaltung befassen. Da die Bestimmungen je nach Wohnort unterschiedlich sind, sollten Sie das Ordnungsamt Ihrer Gemeinde hinsichtlich der Tierhaltung auf Ihrem Grundstück kontaktieren.

HÜHNERHALTUNG
Haustiere, die etwas liefern

Hühner zu halten ist mit Sicherheit die befriedigendste Seite an einem Bauerngarten. Wenn Sie einmal die nötigen Vorkehrungen getroffen, den Sprung gewagt und Ihre Hennen nach Hause gebracht haben, dann werden Sie das nie bereuen und für sehr lange Zeit an der Hühnerhaltung hängen. Für wenig Geld versorgen Ihre Hennen Sie mit frischen organischen Eiern, jeder Menge Spaß und viel Gesellschaft im Garten.

Das Wesen der Hühner

Man sagt, Hühnerhaltung sei heutzutage das Hobby, dessen Beliebtheit sehr schnell zunimmt. Hühnerhaltung macht einfach Spaß, das ist unbestreitbar und auch kein Wunder, besitzen Hennen doch unglaubliche Charaktere und sind geschäftige und produktive Kreaturen.

Domestizierte Hühner können ihre Herkunft auf das Bankivahuhn aus Südostasien zurückführen und haben sich viel vom natürlichen Verhalten ihrer Vorfahren bewahrt. Wenn man ihnen die Möglichkeit dazu bietet, werden einige immer noch fliegen, und alle werden scharren, im Sand baden und nicht nur ein einfühlsames und soziales Verhalten an den Tag legen, sondern auch bemerkenswerte Intelligenz. Obwohl man ihnen nachsagt, ein „Hühnerhirn" zu besitzen, haben Hennen bewiesen, dass ihr Denkvermögen in Wirklichkeit vergleichsweise hoch entwickelt ist. Das wohl faszinierendste Beispiel hierfür ist die Fähigkeit der Hühner, zu verstehen, dass ein Gegenstand, den man ihnen weggenommen hat und den man vor ihnen versteckt hält, immer noch existiert. Das übertrifft sogar die Fähigkeiten kleiner Kinder.

UNTEN: *Hühner leben in einer Schar und besitzen eine komplexe Hackordnung.*

Zu Beginn

Um Hennen muss man sich an 365 Tagen im Jahr kümmern, denn sie sind komplett von ihren Besitzern abhängig. Sie benötigen ein sicheres, gut ausgestattetes Haus, müssen jeden Tag herausgelassen und wieder eingeschlossen werden, gefüttert und mit Wasser versorgt werden. Daher sollten Sie gut überlegen, wer für Sie einspringt, falls Sie einmal fort sind.

Kaufen Sie niemals nur eine Henne. Hühner leben in stabilen sozialen Gruppen und erkennen einander an den Gesichtszügen. Studien haben gezeigt, dass sie über 24 unterschiedliche Schreie verfügen, mit denen sie einander Informationen mitteilen. Zum Beispiel gibt es zwei verschiedene Alarmschreie – je nachdem, ob das Raubtier über Land oder übers Wasser kommt.

Hühner im Garten zu halten ist normalerweise kein Problem, aber in manchen Gegenden und Gärten gibt es unter Umständen Beschränkungen. Deshalb sollten Sie sich vorher bei der zuständigen Behörde vergewissern. Auf jeden Fall wird die örtliche Behörde Grund zur Beanstandung haben, wenn Sie in einem städtischen Gebiet einen lauten Hahn halten oder wenn Sie das Hühnerfutter nicht richtig aufbewahren und dadurch Ratten angelockt werden.

Weshalb soll man Hühner halten?

Bodenverbesserung Der Kot düngt den Boden und belebt und bereichert den Komposthaufen.

Ordnung im Garten Hennen fressen Unkraut, nicht abgeerntetes Gemüse und Fallobst.

Schädlingsbekämpfung Hennen sind ausgezeichnete Bekämpfer von Gartenschädlingen und halten die Population an Schnecken gering.

Abfallrecycling Hennen sind großartige Wiederverwerter von Haushaltsabfällen. Mit alten Zeitungen können Sie den Boden des Hühnerhauses auslegen, geschreddertes Papier kann als Streu verwendet werden …

Nahrungsmittelproduktion Hennen sind produktiver als alle anderen Haustiere. Sie können Eier aus ihrem Nest sammeln und jeden Tag ein frisches Ei kochen und essen – ein Vergnügen für Körper und Seele.

Gesundheitsförderung Sogar im tiefsten Winter sind Sie gezwungen, jeden Tag an die frische Luft zu gehen, um nach den Hennen zu sehen und die Eier einzusammeln.

Gesellschaft Vor allem aber sind Hennen wunderbare Gefährten und werden zu vielgeliebten Familienmitgliedern. Wenn Sie ein Vertrauensverhältnis zu Ihren Hennen aufgebaut haben, werden sie bereitwillig mit Ihnen plaudern und gackern, und viele Hennen mögen es, auf Ihrem Arm zu sitzen.

Unterbringung

Es gibt eine ganze Reihe verschiedener Hühnerhäuser und -ställe) auf dem Markt. Vielleicht möchten Sie aber auch einen alten Schuppen oder eine Hundehütte umwandeln und Ihren eigenen Stall bauen. Wie auch immer, es gibt ein paar wichtige Punkte, die Sie bedenken müssen.

Natürlicher Lebensraum Hühner bevorzugen baumreiche Umgebungen mit viel Gebüsch, in dem sie herumscharren können und wo sie sich sicher fühlen. Vögel, die auf weiten, freien Flächen leben, neigen dazu, sich nie weit von ihrem Haus zu entfernen. Der ideale Lebensraum ist ein freier Auslauf mit Wald oder Obstbäumen. Leider können nur wenige ihren Hühnern eine solch luxuriöse Umgebung zu bieten. Wer im Stadtgebiet wohnt, ist dadurch eingeschränkt, dass die Grundstücke klein sind und der Bewuchs selten über Kopfhöhe reicht. Deshalb erfordert es eine gute Planung, um geeignete Bedingungen zu schaffen.

Die meisten Hühner möchten nach Belieben herumlaufen, nach Insekten scharren und an Pflanzen picken. Deshalb sollte ihr Bereich durch einen Zaun begrenzt sein, bevor sie im Gemüsegarten oder auf dem Rasen Chaos anrichten können.

UNTEN: *Hühner lieben es, am Boden zu scharren und nach Leckerbissen zu suchen.*

Die Auswahl des Hühnerstalles Hühnerställe können aus Holz oder aus Kunststoff bestehen. Holzställe sind natürlicher: Sie atmen mit den Jahreszeiten und sorgen für eine gesunde Atmosphäre. Kunststoffhäuser sind praktisch und besitzen ein moderneres Design, bieten jedoch für gewöhnlich weniger Raum. Achten Sie deshalb darauf, dass sie für die Größe der Hennen, die Sie zu kaufen beabsichtigen, geeignet sind. Wenn Sie sie regelmäßig säubern und desinfizieren (siehe gegenüberliegende Seite), bieten beide Arten von Stall ein angemessenes Zuhause für Ihre Hennen.

Hennen gehen normalerweise nur nachts in ihr Haus oder tagsüber, um ein Ei zu legen. Achten Sie darauf, dass der Stall groß genug für die Anzahl an Hühnern ist. Oft gibt es Empfehlungen über die geeignete Anzahl an Hennen pro Haus, abhängig von der Rasse (siehe Seiten 154–156). Als allgemeine Regel gilt mindestens 0,09 m² Grundfläche pro Henne im Stall und 0,9 m² im Freien. Je mehr Platz die Hennen haben, desto besser.

Hühnerställe sollten so stabil sein, dass sie allen Wettereinflüssen standhalten können. Wählen Sie einen Stall, der über Bodenniveau liegt, um zu verhindern, dass er feucht wird und dass Nagetiere darunter nisten. Er sollte belüftet, aber nicht zugig sein, weil Hennen im Winter frieren.

Sitzstangen Hennen schlafen nachts auf einer Stange, und die Ruheposition eines Hühnerfußes ist eine Umklammerung. Die Stange sollte ca. 2,5–3 cm breit sein und abgerundete Kanten besitzen – wie z. B. ein stabiler Besenstil. Berechnen Sie mindestens 18–20 cm Platz auf der Stange pro Vogel. Bringen Sie die Stange nicht zu hoch an, damit sich die Hühner beim Herunterspringen nicht verletzen. Da sie die Hälfte ihres Kotes nachts ausscheiden, muss die Stange hoch genug sein, damit sie von den Ausscheidungen entfernt sind. Auf einem unter der Stange liegenden Brett kann der Kot leicht entfernt werden.

Nistplätze Normalerweise benötigt man einen Nistplatz für vier Hennen. Stroh, staubfreie Holzspäne oder geschreddertes Papier eignen sich zum Auslegen des Nistplatzes. Verwenden Sie niemals Heu, weil darin Schimmel entstehen kann, der der Gesundheit der Hennen schaden kann. Die Legenester müssen nicht groß sein, ca. 46 cm² sind normalerweise ausreichend. Hennen legen ihre Eier in alles, was nestartig ist, z. B. auch in alte Obstkisten oder in einen Topf. Sie haben es für gewöhnlich gern, wenn sich das Legenest an einer dunklen, abgeschirmten Stelle befindet, weil sie nicht gestört werden möchten.

Hennen sind launisch: Wenn Sie in den Nistplätzen keine Eier finden, suchen Sie im Garten unter einem Strauch oder auf einem Strohballen. Ich habe einmal 30 Eier unter einem alten Weinstock gefunden. Wenn erst einmal eine Henne ihre Eier irgendwo anders hingelegt hat, machen es meist alle nach.

Den Hühnerstall säubern Idealerweise wird ein Stall einmal pro Woche gesäubert, aber wenn Sie eine dicke Schicht Holzspäne verwenden (ca. 15 cm hoch) und regelmäßig den Kot aufsammeln (mit Gummihandschuhen), sollte einmal im Monat genügen. Auch Stroh eignet sich als Einstreu, wird aber schneller feucht und muss öfter ausgetauscht werden. Das Hühnerhaus sollte einmal im Monat mit einem geeigneten Desinfektionsmittel gründlich gereinigt und mit einem vorbeugenden Spray gegen die Rote Vogelmilbe behandelt werden, in die Einstreu sollte etwas Läusepulver gestreut werden.

Hennen beschützen Sie sind für Ihre Hennen verantwortlich: Die größte Gefahr für Hennen sind Füchse, aber sie müssen auch vor anderen Raubtieren geschützt werden, z. B. vor Dachsen, Mardern, Raubvögeln und Hunden. Der Hühnerstall sollte eine Luke besitzen, die man nachts verschließen kann. Tagsüber können Sie sie offenlassen, damit die Hühner zum Eierlegen nach Belieben hinein und wieder heraus können. Hennen würden sehr gerne frei im Garten herumlaufen, wären dann aber in Ihrer Abwesenheit Raubtieren schutzlos ausgeliefert. Ein sicheres Gehege kann die Lösung sein: ein mit Maschendraht umgebener Auslauf, der sich direkt an den Stall anschließt, eine eingezäunte Fläche, innerhalb derer sich der Stall befindet, oder ein elektrischer Geflügelzaun. Wenn Sie einen normalen Zaun aufstellen, muss der untere Teil eingegraben werden und der Zaun 1,8 m hoch sein.

Hennen mögen keinen Regen und müssen vor der Sonne geschützt werden, am besten mit einem Auslauf im schattigen Bereich. Bei extremen Wetterbedingungen empfiehlt es sich, die Hühner mit Nahrung und Wasser im Stall zu halten.

UNTEN: *Hennen benötigen eine Leiter mit Stufen und einen ausreichend großen Durchschlupf.*

Die Schönheitsköniginnen – reinrassige Hühner

Diese Vögel werden oft wegen ihres guten Aussehens und des hübschen Gefieders gezüchtet. Manche reinrassige Hennen neigen dazu, während der Wintermonate keine Eier zu legen. Ihre Lebenserwartung beträgt 3–15 Jahre, aber nach ungefähr 5–6 Jahren hören sie auf, Eier zu legen. Deshalb sind sie viel eher Haustiere als verlässliche Legehennen. Es gibt Hunderte reinrassiger Hühner, aber die folgenden sind die bekanntesten.

Orpington Eine große Rasse mit üppigen, flauschigen Federn, die nach der Stadt Orpington in der Grafschaft Kent benannt ist. Von den guten Eierlieferanten gibt es eine Reihe von Farbenschlägen, von denen der beliebteste Gelb ist. Orpingtons gibt es auch in Schwarz, Weiß, Perlgrau und Blau. Sie sind sehr zahm und eignen sich ausgezeichnet als Familienhaustier. Die Hennen sind auch sehr gute Mütter und brüten oft. Sie bevorzugen trockene Bedingungen und neigen dazu, sich zu überfressen und zu fett und faul zu werden. Sie legen ca. 160 Eier im Jahr.

Light Sussex Eine sehr hübsche Züchtung mit weißen Federn und schwarz gestreiftem Gefieder am Hals und am Schwanz. Wegen ihres hellen Federkleides werden sie bei Nässe ein wenig schmutzig. Die Eier sind cremefarben oder hellbraun. Sie sind bei Hühnerhaltern beliebt, weil sie zahm sind und ca. 260 Eier im Jahr legen.

Speckled Sussex Eine weitere Henne der Sussex-Familie. Sie besitzt eine auffällige Erscheinung und wirkt wie die typische „kleine gefleckte Henne". Das Gefieder ist dunkelbraun mit weißen Sprenkeln und einem grünlich schillernden Glanz. Mit dem Alter werden die Sprenkel auf den Federn ausgeprägter.

Welche Rasse?

Die meisten Gärtner, die Hühner halten, bevorzugen eine Kombination aus reinrassigen Hühnern und Hybridrassen – die einen sehen toll aus, die anderen legen das ganze Jahr über verlässlich Eier. Reinrassige Hühner sind vergleichsweise teuer, aber die Preise variieren und sind abhängig vom Züchter, der Seltenheit der Vögel und Ihrem Wohnort.

Brahma

Orpington, gelb

Ehemalige Batteriehenne

Speckled Sussex

Sie besitzen ein freundliches und neugieriges Wesen. Sie legen ca. 200 hellbraune oder gefleckte Eier im Jahr.

Brahma Das ist eine fantastische Züchtung mit tollem Gefieder und gefiederten Läufen, die dazu tendieren zu verschmutzen, wenn die Hühner in nassen Gebieten gehalten werden. Die Herkunft dieser Hühner ist nicht eindeutig geklärt, aber man geht davon aus, dass sie aus Indien stammen. Im 19. Jahrhundert kamen sie nach Europa. Da sie sehr zahm und freundlich sind, sind sie die ideale Rasse für Anfänger. Die Hennen sind ausgezeichnete Familienhaustiere und lassen sich sehr gut anfassen. Sie legen ca. 180 Eier im Jahr und neigen zum Glucken.

Rhodeländer Diese Hühner besitzen dunkelbraune Federn und legen dunkelbraune Eier. Die Rasse ist sehr widerstandsfähig und kommt ursprünglich aus Little Compton im Staat Rhode Island in den USA. Sie sind gute Haustiere, haben aber gerne viel Platz zum Umherstreifen. Sie legen ca. 260 Eier im Jahr.

Welsumer Eine wunderschön geformte Rasse mit goldenen und braunen Federn, die ursprünglich aus Welsum in Holland stammt. Sie können manchmal etwas flatterhaft sein, besitzen aber im Grunde ein freundliches und sanftes Wesen. Die Hennen legen wunderschöne dunkelbraune Eier, die manchmal gefleckt sind. Im Lauf eines Jahres legen sie ca. 200 Eier.

Es ist wichtig, die Legeleistung mit einzubeziehen. Wenn Sie z. B. mit einem halben Dutzend Hybridhennen nach Hause kommen, die mit großer Wahrscheinlichkeit jeden Tag ein Ei legen, dann müssen Sie sich sehr genau überlegen, was Sie mit den überschüssigen Eiern anstellen können.

Mixed Orpington-Hahn

Sussex-Hybride, weiß

Orpington, Hahn

Light Sussex, Hahn

Hybridrassen – rekordverdächtige Eierleger

Es gibt eine ganze Reihe von Hybridrassen. Das sind Hühner, die speziell wegen ihrer guten Legeleistung gezüchtet wurden und normalerweise das ganze Jahr über Eier legen. Sie sind mittelgroß und es gibt sie in verschiedenen Formen und Farben. Die braunen Hybriden stammen angeblich von den Rhodeländern ab, und es gibt auch Hybridrassen, die den Light Sussex ähneln.

Hybridhennen legen im Allgemeinen 250–300 Eier im Jahr, besitzen ein passives Wesen, sind freundlich und lassen sich anfassen. Ihre Lebensdauer beträgt zwischen zwei und vier Jahren.

Kreuzungen – ein bisschen von beidem

Diese Hühner haben eine reinrassige Mutter und einen reinrassigen Vater einer anderen Rasse. Es sind oft nicht so gute Legehennen wie die Hybridrassen, je nach Züchtung. Ihre Lebensdauer beträgt zwischen zwei und zehn Jahren.

Zwerghühner – niedlich und kompakt

Diese Rassen mit großer Persönlichkeit sind in Stadtgärten einfacher zu halten und legen kleinere Eier.

UNTEN: Wenn Sie eine Henne hochnehmen, halten Sie sie über den Flügeln fest, damit sie nicht flattern kann.

Wie man eine Henne anfasst

Sie müssen Ihre Hennen in regelmäßigen Abständen anfassen. Vielleicht wollen Sie sie einfach nur streicheln oder aber mit Läusepuder behandeln oder nachsehen, ob ihnen etwas fehlt. Deshalb ist es sehr wichtig, dass Sie zu Ihrer Hühnerschar ein Vertrauensverhältnis aufbauen. Rufen Sie die Hühner zu sich, wenn Sie Körner ausstreuen, und gewöhnen Sie sie daran, dass Sie in ihrer Nähe sind.

Fangen Eine Henne lässt sich leichter fangen, wenn sie sich in ihrer Behausung befindet und es dunkel wird, dann ist sie ruhig. Außerdem kann sie nicht weg. Locken Sie sie mit einer Leckerei zu sich. Wenn Sie sie tagsüber fangen müssen, versuchen Sie, sie mit etwas Futter anzulocken und fassen Sie dann mit beiden Händen über ihren Rücken und halten Sie die Flügel gegen ihren Körper gedrückt.

Festhalten Wenn Sie die Henne eingefangen haben und sie ruhig ist, halten Sie sie eng an Ihren Körper. Stützen Sie sie dabei mit einer Hand von unten, so dass sie sicher auf ihrem Arm sitzt.

UNTEN: Heben Sie Ihre Henne oft hoch, um ihr Vertrauen zu gewinnen. Sie wird den Kontakt zu Ihnen bald genießen und entspannt sein.

Klassisches Hühnerverhalten

Hackordnung Hennen haben eine natürliche Hackordnung. Sie werden recht schnell erkennen, wer zuerst frisst, wer quer durch den Garten rennt, um vor allen anderen an die Leckerbissen zu kommen, und wer ans Ende der Schlange geschoben wird, wenn die Hühner ins Hühnerhaus zu gehen.

Neue Hennen führen Sie am besten nachts in die Gruppe ein. Wenn die Hennen schlafen gegangen sind, bringen Sie die Neuankömmlinge behutsam in den Schlafbereich. Auf diese Weise kommen sie am nächsten Morgen alle zusammen heraus, nachdem sie die Nacht friedlich miteinander verbracht haben. Nach Möglichkeit führt man immer zwei Hennen auf einmal ein, damit sie etwas Gesellschaft haben, während die anderen sich an sie gewöhnen.

Sandbäder Hühner baden liebend gern im Sand und werfen mit ihren Flügeln Sand durch ihr Gefieder. Das ist die natürliche Art der Hühner, sich zu säubern und es hilft, ihr Gefieder frei von Läusen zu halten. Wenn Sie Ihre Hennen in einem eingezäunten Gehege halten, sorgen Sie dafür, dass es dort einen trockenen Bereich gibt, wo sie ihre Sandbäder nehmen können, z. B. eine flache Wanne, gefüllt mit leichter, feiner Erde oder Kompost. Die Erde muss so fein sein, dass sie die Atemlöcher der Läuse verstopft und sie tötet.

Scharren Hühner wollen frei herumlaufen und nach Futter suchen, indem sie mit ihren Krallen in der Erde scharren und eifrig auf dem Boden picken. Sie bewegen sich ständig, graben dabei die Erde um und durchstöbern sie nach Samen, Insekten wegen der Proteine und nach kleinen Steinchen oder Kies, die sie zu sich nehmen, um das Futter in ihrem Muskelmagen zu zermahlen. Aber Vorsicht: Hühner scharren alle jungen Triebe aus der Erde. Das Scharren hilft, die Krallen kurz zu halten, und hält die Hühner den ganzen Tag beschäftigt.

UNTEN: Hennen lieben es, sich bei einem Sandbad zu entspannen.

Füttern und Tränken

Ein Huhn frisst 125–130 g Nahrung am Tag, einschließlich Pflanzen, Insekten, Würmer und Schnecken. Aber leider fressen Ihre Hühner nicht nur alle Schnecken aus Ihrem Gemüsegarten, sondern auch junges Gemüse und zarte Triebe.

Studien haben bewiesen, dass die Nahrung eines Huhns zu mindestens einem Viertel aus Fliegen und zur anderen Hälfte aus Unkraut und anderen Pflanzenabfällen bestehen kann und es dennoch genauso viele Eier legt wie Hühner, die ausschließlich mit speziellem Hühnerfutter aufgezogen wurden. Hennen besitzen immer noch den Instinkt, keine giftigen Pflanzen zu fressen, aber man kann nie wissen ...

Es empfiehlt sich, den Hennen eine geeignete Fläche zu bieten, wo sie nach Futter suchen können, und gleichzeitig einen mit Mischfutter gefüllten Futterautomaten, damit sie das ganze Jahr über die Nährstoffe bekommen, die sie benötigen. Leinsamen erhöhen den Anteil an Omega-3-Fettsäuren in den Eiern.

Wasser Eine Henne trinkt durchschnittlich 250 ml Wasser am Tag. Sorgen Sie dafür, dass Ihre Hennen jederzeit Zugang zu frischem, sauberem Wasser haben. Es gibt spezielle Stärkungsmittel für Geflügel, die Sie dem Trinkwasser zufügen können. Diese enthalten eine Mischung aus Kräuterölen, die die Hen-

Geeignetes Futter

Legepellets Alleinfutter, das in Pelletform gepresst wurde. Wenn die Hennen Eier legen, sollten sie an diesen Pellets nach Belieben picken können. Normale Legepellets sind für Zwerghühner manchmal zu groß, aber es gibt kleinere Pellets speziell für Zwerghühner.

Legemehl Das ist dieselbe Nahrung wie in den Legepellets, aber zu einem groben, körnigen Pulver vermahlen. Die Hennen brauchen länger, um es zu fressen. Allerdings picken sich die Hennen auch nur die Stücke heraus, die sie mögen, während in den Pellets alle Inhaltstoffe gleichmäßig vermischt sind.

Körnermischung Das ist eine sehr energiereiche Nahrung. Wenn Sie Ihren Hennen zu viel davon verfüttern, können sie fett werden. Verwenden Sie dieses Futter als besondere Leckerei, ein bisschen wie ein Nachtisch. Als groben Anhaltspunkt verstreuen Sie eine Handvoll pro Henne auf dem Boden, damit die Tiere dafür arbeiten müssen. Mit Körnern lassen sich Hennen gut anlocken. Diese Mischung aus Mais und Weizen sorgt dafür, dass der Dotter in den Eiern leuchtend gelb wird.

Küchenabfälle Hennen lieben Küchenabfälle: normalerweise Nudeln, Reis, Käse und Brot in kleinen Mengen, vor allem in Milch eingeweicht. Wurzelgemüse kocht man am besten kurz, denn roh mögen sie es nicht. Achten Sie darauf, dass die Reste frisch sind und kein Fleisch oder viel Salz enthalten. Verfüttern Sie nicht zu viele Küchenabfälle, sonst ist die Ernährung nicht ausgewogen.

Kies Der Kaumagen der Hühner besitzt starke Muskelwände, die sich zusammenziehen, um das Futter zu zerkleinern. Es ist sehr wichtig, dass Hennen mit der Nahrung kleine Steinchen zu sich nehmen, die beim Zerkleinern helfen. Es gibt Futtermischungen zu kaufen, die Kies und zerkleinerte Austernschalen enthalten. Diese versorgen die Hennen mit Kalzium und verhindern, dass die Eierschalen weich werden.

nen mit zusätzlicher Energie versorgt, wenn sie in der Mauser sind, sich ihre Umgebung verändert hat oder wenn sie einfach in keiner guten Verfassung sind und einen Muntermacher benötigen.

Futterautomaten und Tränken Es gibt eine Reihe verschiedener Futterautomaten. Manche sind aus Kunststoff, andere aus verzinktem Metall; letztere sind langlebiger. Bei manchen befindet sich oben ein Schirm, der das Futter trocken hält. Bei allen Arten von Futterautomat ist es wichtig, das Futter über Nacht wegzuräumen, um unwillkommene Nagetiere zu vermeiden. Entfernen Sie Kot von der Futter- und Trinkstelle, um zu vermeiden, dass Futter oder Wasser verunreinigt werden.

> *Tipp* Auch Wildvögel mögen das Futter Ihrer Hühner. Sie lassen sich vertreiben, wenn man um den Futterautomaten CDs aufhängt.

UNTEN: *Hennen versammeln sich oft an der Futter- und Trinkstelle – ein bisschen wie Arbeitskollegen im Büro am Kaffeeautomaten.*

Ungeeignetes Futter

Rohe grüne Kartoffelschalen Sie enthalten die giftige Substanz Solanin.

Sehr Salziges Kann Salzvergiftung hervorrufen.

Zitrusfrüchte und deren Schalen

Getrocknete oder rohe bzw. nicht ausreichend gegarte Bohnen Sie enthalten die giftige Substanz Hämagglutinin.

Avocadoschale und -kern Sie sind schwach giftig.

Rohe Eier Es empfiehlt sich nicht, Hühner auf den Geschmack von Eiern zu bringen, sonst sind sie versucht, die eigenen Eier aus den Legenestern zu fressen.

Süßigkeiten, Schokolade und Zucker Diese sind schlecht für das Verdauungssystem der Hühner. Schokolade kann für die meisten Haustiere giftig sein.

Tierhaltung

Die Gesundheit der Hennen

Wenn Ihre Hennen viel Platz haben und Sie ihren Stall regelmäßig säubern, haben sie normalerweise keine gesundheitlichen Probleme.

Es lohnt sich jedoch, regelmäßige Kontrollen zur Sicherheit durchzuführen. Lesen Sie untenstehende Liste, damit Sie wissen, wie man häufige Probleme erkennt und behandelt.

Routine-Gesundheitscheck Eine gute Gesundheit äußert sich in festem Kot, einem leuchtend roten Kamm und glänzenden Augen. Hennen sollten lebhaft, geschäftig und wohlgenährt sein.

Krank kauert die Henne sich zusammen und ihr Schwanz zeigt nach unten. Der Kamm sieht oft blass aus oder ist zur Seite geneigt. Womöglich frisst das Huhn nicht und legt keine Eier.

Häufige gesundheitliche Probleme erkennen und behandeln

Problem	Empfohlene Behandlung
Würmer	Hühner sollten regelmäßig entwurmt werden. Verwenden Sie eine natürliche, auf Kräutern basierende Wurmkur, um eine „eierlose Zeit" zu vermeiden. Es gibt Wurmmittel in Pelletform, die Sie unter das Hühnerfutter mischen können, oder als Flüssigkeit, die Sie ins Trinkwasser geben können. Befolgen Sie die Anweisungen auf der Packung bzw. Flasche.
Rote Vogelmilbe	Diese kleinen, staubkorngroßen graubraunen Milben sind wahrscheinlich der größte Alptraum jedes Huhns. Sie werden rot, weil sie Blut saugen. Sie leben nur ein paar Stunden lang auf einer Henne, normalerweise nachts. Dann verkriechen sie sich in die Ritzen und Spalten des Stalls. Wenn Sie Vogelmilben in Ihrem Hühnerstall haben, sehen die Hennen anämisch aus und legen keine Eier. Kontrollieren Sie tagsüber die Unterseite der Sitzstange auf Milben. Vorbeugung ist am besten: Es gibt Lösungen gegen die Rote Vogelmilbe, die Sie einmal im Monat im Hühnerstall versprühen können, oder ein Pulver, das Sie vor allem auf Sitzstangen, in Ecken und Spalten streuen sollten. Auch bei den Hennen sollten Sie regelmäßig ein Puder gegen die Rote Vogelmilbe anwenden.
Läuse	Diese leben sowohl auf dem Boden des Hühnerstalls als auch auf den Hühnern selbst. Kontrollieren Sie monatlich die Unterseite der Flügel, den Bereich um die Kloake und das Gefieder. Läuse verursachen Federausfall und extremes Unwohlsein. Behandeln Sie Ihre Hennen regelmäßig mit Läusepuder.
Wunden	Reinigen Sie eine Wunde oder einen Schnitt mit sauberem warmem Wasser und besprühen Sie die Stelle mit einem Wunddesinfektionsmittel für Tiere. Bei Eiter mischen Sie ein wenig Vaseline mit flüssigem Honig und verteilen Sie die Mischung behutsam auf der betroffenen Stelle. Dadurch wird der Eiter aus der Wunde gezogen.
Hinken	Überprüfen Sie, ob die Henne sich ein Bein gebrochen hat oder ob sie in etwas Scharfkantiges getreten ist. Sie könnte auch an Sohlengeschwür leiden, bei dem sich auf der Unterseite des Fußes Eiter ansammelt, was behandelt werden muss. Gebrochene Beine sind ein ernsthaftes Problem, und der Vogel muss vermutlich vom Tierarzt eingeschläfert werden.

Krankes Huhn – was tun? Zuerst müssen Sie die kränkelnde Henne von den anderen trennen, um zu verhindern, dass diese sie schikanieren. Wenn Sie ihr einen komplett abgetrennten Bereich zuweisen könnten, wäre das ideal, aber wenn Sie den Platz dazu nicht haben, verwenden Sie einfach eine große Kiste und kippen Sie sie auf die Seite. Legen Sie viele Holzspäne oder Stroh hinein, damit die Henne es warm hat, und sorgen Sie dafür, dass Futter und Wasser erreichbar sind. Ziemlich oft erholt sich eine Henne innerhalb von Stunden vollständig. Wenn Sie aber keine Besserung erkennen können, sollten Sie einen Tierarzt um Rat fragen.

Problem	*Empfohlene Behandlung*
Verstopfter Kropf	Nahrung kann im Kropf stecken bleiben, wo sie normalerweise aufbewahrt wird, bevor sie zur Verdauung in den Muskelmagen gelangt. Verwenden Sie einen Teelöffel oder eine Einmalspritze (ohne Nadel), um der Henne ein wenig Olivenöl in den Schnabel zu geben. Massieren Sie anschließend behutsam den Hals. Auch Naturjoghurt ist sehr wirkungsvoll. Manchmal hilft es auch, die Henne mit dem Kopf nach unten zu halten und den Hals zu massieren. Gehen Sie dabei sehr behutsam vor und versuchen Sie, den Schnabel offen zu halten, während Sie den Inhalt des Kropfes abwärts Richtung Schnabel massieren.
Legenot	Diese wird manchmal durch unausgewogene Kost verursacht. Die Henne läuft immer wieder zum Legenest, um das Ei zu legen, das im Legedarm feststeckt. Das ist ein sehr ernst zu nehmender Zustand, weil die Henne sterben kann. Reiben Sie den Rand der Kloake mit Vaseline ein. Halten Sie die Henne hoch über einem Topf mit kochendem Wasser, so dass der Dampf den Bereich um die Kloake befeuchtet und dieser sich entspannt. Passen Sie auf, dass Sie die Henne nicht verbrühen. Wenn das Ei im Inneren zerbricht, droht der Henne eine schwere Infektion.
Kalkbeine	Das Bein eines Huhns ist mit Schuppen bedeckt und sollte glatt sein. Die Milben leben unter den Schuppen und sorgen dafür, dass diese abstehen. Baden Sie die Beine des Huhns zweimal pro Woche in medizinischem Alkohol, bis die Milben verschwunden sind.
Mauser	Hennen mausern sich ein- oder zweimal im Jahr. Das kann ziemlich beunruhigend sein, besonders wenn sie den Großteil ihrer Federn verlieren. Das ist aber völlig normal und die Federn wachsen wieder nach. Während der Mauser legen Hennen auch keine Eier.
Ausscheidungen	Diese sollten fest sein und eine weiße Kappe besitzen. Manchmal werden die Ausscheidungen flüssig, was normal ist, weil Hühner viele verschiedene Nahrungsmittel zu sich nehmen. Wenn das Problem allerdings anhält, sollten Sie einen Tierarzt konsultieren.
Verstopfte Kloake	Manche Rassen mit dichtem Federkleid haben oft verschmutzte Federn um die Kloake herum. Kontrollieren Sie dies regelmäßig und reinigen Sie den Bereich.

Die tägliche Routine der Hühnerversorgung

Morgens Ihre Hennen haben eine sehr friedliche Nacht auf ihrer Stange verbracht. Wie andere Vögel wachen auch sie auf, sobald es hell wird, vorher kommen sie nicht heraus, weil sie bei Dunkelheit nicht gut sehen können und Angst vor Raubtieren haben. Wenn Sie den Hühnerstall geöffnet haben und die Hennen ihre Behausung verlassen, ist das eine gute Gelegenheit, sie einzeln zu kontrollieren. Sorgen Sie dafür, dass sie genug zu fressen und zu trinken haben. Wenn die Hühner in einen Auslauf gesperrt sind, legen Sie ihnen etwas Grünes in den Auslauf, an dem sie picken können, oder stellen Sie ihnen eine neue Rasenfläche zur Verfügung.

Irgendwann im Laufe des Vormittags gehen sie zu ihrem Legenest, um ein Ei zu legen. Den Rest des Tages verbringen sie mit Scharren, Fressen und Sandbaden. An einem warmen, sonnigen Tag nehmen sie vielleicht auch ein Sonnenbad: Sie legen sich hin und strecken einen Flügel aus, um die Sonnenstrahlen aufzunehmen.

Sehen Sie nach, ob Eier gelegt wurden und entfernen Sie diese aus den Nestern.

Abends Die Hennen gehen von sich aus zu ihrer Behausung zurück, sobald es dunkel wird. Normalerweise ziehen sie sich zurück und setzen sich zum Schlafen auf ihre Stange, bevor es vollständig dunkel ist. Dann müssen Sie nur noch den Durchschlupf sicher verschließen.

In der Abenddämmerung oder nachts sind Hennen am meisten gefährdet, wenn Füchse oder andere Raubtiere auf Beutezug gehen.

LINKS: *Eine glückliche, gesunde Henne erkennt man an ihren wachen, glänzenden Augen und dem leuchtend roten Kamm und Kehllappen.*

GEGENÜBERLIEGENDE SEITE: *Küchenabfälle sind für Hühner ein Festschmaus, und Nudeln kommen immer besonders gut an.*

Die saisonabhängige Routine der Hühnerversorgung

Das regelmäßige Säubern des Hühnerstalls ist entscheidend für das Wohlergehen der Tiere. Die Legenester und das Hühnerhaus müssen sauber sein. Führen Sie monatliche Kontrollen auf Rote Vogelmilben und Läuse durch (siehe Seite 160).

Frühling und Sommer Diese Zeit des Jahres mögen Hennen am liebsten, wenn es Käfer, Raupen und warmes Wetter im Überfluss gibt. Dass die Tage länger sind, bewirkt, dass sie mehr Eier legen als in den kälteren Monaten. Achten Sie darauf, ihnen im Sommer mehr Wasser zu geben, weil sie an langen, heißen Tag schnell durstig werden. Im Frühling oder Sommer können Hennen gluckig werden. Sammeln Sie deshalb alle Eier regelmäßig ein. Wenn die Sonne sehr heiß brennt, suchen die Hennen im Schatten Schutz. Richten Sie ihnen ein schattiges Plätzchen ein.

Wenn Ihre Hennen frei herumlaufen dürfen, kann es sein, dass sie sich während der Frühlings- und Sommermonate weiter vom Stall entfernen. Kontrollieren Sie deshalb abends, ob auch alle zurückgekommen sind.

Im Allgemeinen mausern sich Hennen im Spätsommer, was ein natürlicher Prozess ist. Während dieser Zeit legen sie vermutlich keine Eier. Achten Sie besonders auf eine ausgewogene Ernährung.

Herbst und Winter Hühner sind sehr widerstandsfähig und vor Kälte durch ihr dichtes Gefieder gut geschützt, aber mögen keine Nässe. Wenn es regnerisch oder windig ist, suchen sie Schutz oder bleiben in ihrem Haus. Sorgen Sie dafür, dass die Hennen einen Bereich haben, wo sie sich vor den Elementen schützen können. Kontrollieren Sie bei Frost ihr Trinkwasser zweimal täglich, falls es einfriert.

Manche Hennen hören im Herbst oder Winter auf, Eier zu legen. Behalten Sie sie im Auge, um andere Gründe dafür auszuschließen.

Wenn es extrem kalt ist, können Hühner an ihren Kämmen und Kehllappen Erfrierungen erleiden. Dem kann man vorbeugen, indem man große Kehllappen oder Kämme mit Vaseline einreibt. Ernsthafte Erfrierungen müssen tierärztlich behandelt werden.

Zu dieser Zeit des Jahres können Ratten und Mäuse zu einem Problem werden. Bringen Sie das Futter über Nacht außer Reichweite, um Ungeziefer abzuhalten. Achten Sie darauf, dass die Behausung wasserdicht ist, denn die Tiere müssen es über Nacht warm und trocken haben.

Eier-Know-how Eier von Ihren eigenen Hennen schmecken köstlich und sind ein echtes Plus der Hühnerhaltung. Eier gibt es in vielen verschiedenen Farben und Größen. Das hängt von der Hühnerrasse ab, die Sie halten (siehe Seiten 154–156).

Wenn eine junge Henne, die das Legealter gerade erreicht hat, mit dem Legen beginnt, können die Eier recht klein sein. Je größer die Henne wird, desto größer werden auch ihre Eier. Manchmal werden Sie ein ungewöhnlich geformtes Ei finden. Das ist ganz normal. Die Eier aus dem Laden sind nur deshalb in Größe und Form einheitlich, weil die missgestalteten aussortiert werden. Eier müssen nicht im Kühlschrank aufbewahrt werden. Wenn Sie sie mit dem spitzen Ende nach unten an einem kühlen Ort aufbewahren, halten sie sich drei Wochen lang.

Weiche Eierschalen können durch einen Mangel an Kalzium im Hühnerfutter verursacht werden. Ihre Hennen brauchen ausreichend Austernschalen und kleine Steinchen. Eine andere Möglichkeit besteht darin, ihnen zerbrochene Eierschalen unter ihre Pellets oder ihr Mehl zu mischen.

Während der Frühlings- und Sommermonate legen Hennen normalerweise am meisten Eier. Wenn Sie mehr Eier haben, als Sie essen können, verschenken Sie sie an Familie und Freunde. Jeder freut sich über frische Eier.

> *Tipp* Sie wissen nicht, ob ein Ei frisch ist? Ein frisches Ei sinkt in einer Schale Wasser auf den Boden, ein verdorbenes schwimmt.

LINKS: *Ein großes Vergnügen an der Hühnerhaltung ist, dass man jeden Tag frische Eier sammeln kann.*

GEGENÜBERLIEGENDE SEITE: *Eine brütende Henne breitet sich flach aus und ist sehr übellaunig, wenn man sie stört.*

Die Aufzucht von Küken

Vielleicht möchten Sie auch einmal Ihre eigenen Küken aufziehen. Das ist aufregend und interessant. Eine Glucke, die mit ihrer kleinen Brut in Ihrem Garten herumrennt, oder eine Schar im Brutapparat ausgebrüteter Küken, die zu Ihnen gerannt kommen, weil sie Sie für ihre Mutter halten, sind ein rührender Anblick.

Zwei Methoden, Küken aufzuziehen
Möglichkeit 1: Eine brütende Henne Im Frühling kommen manche Hennen in Brutstimmung. Das ist bei Weitem die einfachste Art, Junge aufzuziehen, weil die Glucke die meiste, wenn nicht gar alle Arbeit dabei übernimmt.

Wenn Sie einen Hahn besitzen, sind die Eier normalerweise befruchtet. Wenn Sie keinen Hahn haben, können Sie befruchtete Eier (Bruteier) kaufen. Nehmen Sie einfach die unbefruchteten Eier unter der Glucke weg und ersetzen Sie sie durch die befruchteten Eier. Am besten macht man das, wenn die Glucke zum Fressen oder Trinken das Nest verlassen hat, oder nachts.

Legen Sie die Bruteier nicht zu früh unter die Glucke, sondern beobachten Sie zunächst ein paar Tage lang, ob sie wirklich in Brutstimmung ist. Eine Henne, die nicht wirklich gluckig ist, verlässt unter Umständen einfach das Nest, und die befruchteten Eier sind verdorben.

Ein normales Gelege besteht aus 9–15 Eiern, aber eine Henne sitzt lieber auf weniger Eiern. Das hängt auch von der Rasse ab. Die Hybridrassen, die zum Eierlegen gezüchtet wurden, neigen weniger zum Glucken. Zu den Rassen mit guten Glucken zählen Orpington, Brahma, Sussex und Seidenhühner.

Eine Henne in Brutstimmung macht sich sehr groß und flach, indem sie ihr Gefieder aufplustert, und wenn Sie sie vom Nest nehmen, ist sie sehr aufgeregt. Normalerweise hört sie nach ein paar Tagen mit dem Eierlegen auf und bleibt den ganzen Tag in ihrem Nest. Sie verlässt es nur kurz, um zu fressen, zu trinken und im Sand zu baden. Sie können dann das Nest kontrollieren und alle Ausscheidungen entfernen, damit sie ihre Eier nicht verunreinigt. Die Henne wird 21 Tage lang auf den Eiern sitzen und sie bei der richtigen Temperatur ausbrüten.

Eine Henne in Brutstimmung …

… bleibt in ihrem Nest und möchte nicht hinaus.

… zupft ein paar ihrer Brustfedern heraus. Das macht sie, um mehr Körperkontakt zu den Eiern zu haben und sie richtig zu temperieren.

… gackert, wenn man sich ihr nähert.

… ist weniger gesellig und befindet sich in einer Art Trance.

Möglichkeit 2: Ein Brutapparat Wenn Sie keine Henne in Brutstimmung haben, können Sie einen Brutapparat verwenden. Das ist eine sehr effektive, künstliche Art, Küken auszubrüten. Es sind verschiedene Brutapparate auf dem Markt, die die Rolle einer Glucke vollständig übernehmen: Sie halten die Eier genau auf der richtigen Temperatur und drehen sie automatisch alle paar Stunden um. Nehmen Sie nur saubere Eier, aber waschen Sie sie nicht, weil dadurch der natürliche Schutzfilm entfernt wird.

Der Brutapparat muss regelmäßig überprüft werden, um die Temperatur konstant zu halten. Am besten stellt man ihn an einem ungestörten Ort auf. Lesen Sie immer die Gebrauchsanweisung des Herstellers, denn bei manchen Brutapparaten muss man Wasser einfüllen, um die Luftfeuchtigkeit auf dem richtigen Niveau zu halten.

GEGENÜBERLIEGENDE SEITE: *Ein im Brutapparat geborenes Küken ist nach kurzer Zeit zahm und wird Sie für seine Mutter halten.*

UNTEN: *Bald nach dem Schlüpfen nimmt die Mutter ihre Küken mit nach draußen und bringt ihnen bei, wie man nach Futter sucht.*

Das Ausschlüpfen

Ob Sie nun einen Brutapparat oder eine Glucke verwenden, nach ungefähr 19–20 Tagen werden Sie ein Piepsen aus den Eiern hören. Nehmen Sie die Eier nicht in die Hand. Dadurch würde die Glucke gestört und die Eier liegen danach vielleicht zum Schlüpfen falsch.

Küken haben auf ihren Schnäbeln einen Eizahn, der speziell dem Öffnen der Eierschale dient. Aus manchen Eiern schlüpfen keine Küken; sie waren entweder unbefruchtet oder enthielten tote Küken. Diese müssen entfernt werden. Wenn die Eier nach ca. 22–23 Tagen immer noch nicht ausgebrütet sind, ist es unwahrscheinlich, dass noch ein Küken ausschlüpft.

Was passiert mit der Glucke? Die brütende Henne sollte ihren eigenen Bereich haben, wo sie vor den anderen ungestört ist. Sie übernimmt die gesamte Arbeit des Brütens für Sie. Auch wenn die Küken anfangen zu schlüpfen, wird die Henne noch auf den Eiern sitzen, bis alle Küken geschlüpft sind. Küken können sich bis zu 72 Stunden lang vom Dottersack des Eis ernähren, der sie mit allen nötigen Nährstoffen versorgt.

Was als Nächstes zu tun ist Wenn alle Küken geschlüpft sind, bringt die Henne sie zum Fressen und Trinken nach draußen. Ihr Verhalten wird sich ändern und sie wird anfangen zu glucken und sich wie eine überbesorgte Mutter benehmen. Die Küken benötigen frisches Wasser und Kükenaufzuchtfutter (siehe Seite 168). Die Küken werden ihre Mutter nachahmen und bald anfangen zu fressen und zu trinken. Es ist wichtig, den Küken eine geeignete Tränke bereitzustellen, weil sie in einer Wasserschüssel ertrinken können. Es ist nicht nötig, für die Glucke in dieser Zeit spezielles Futter zu kaufen.

Die Henne freut sich über ein abgegrenztes, geschütztes Stück Rasen, auf dem sie ihren Küken zeigen kann, was sie fressen dürfen. Beschützen Sie die Glucke und ihre Küken sowohl vor dem Rest der Schar als auch vor Raubtieren.

Wenn die Küken müde sind oder es ihnen kalt wird, verkriechen sie sich unter den Flügeln der Glucke. Diese wiederum ruft ihre Küken zu sich, wenn sie das Gefühl hat, dass sie in Gefahr sind oder dass ihnen kalt ist. Die Mutter wird automatisch sehr fürsorglich, und das reicht oft aus, um die anderen Hennen abzuwehren und die Küken vor Raubtieren zu schützen. Am besten hält man die Mutter und ihre Küken über Nacht in ihrem abgetrennten Bereich, bis die Küken fast erwachsen sind und groß genug, um sich selbst zu verteidigen.

Was passiert mit dem Brutapparat? Wenn die Küken schlüpfen, sind sie nass und klebrig. Lassen Sie sie deshalb im Brutapparat, bis sie trocken und flauschig sind, bevor Sie sie in einen beheizten Bereich bringen.

Was als Nächstes zu tun ist Die im Brutapparat geschlüpften Küken erhalten Wärme von einer Wärmelampe, die über ihrem Behälter hängt. In der ersten Woche ihres Lebens benötigen sie eine Temperatur von ca. 35 °C. Danach kann die Temperatur wöchentlich um 2 °C abgesenkt werden, indem man die Wärmelampe nach und nach höher hängt.

Es ist oft schwierig, die richtige Temperatur für die Küken einzustellen. Als Faustregel kann Folgendes gelten: Wenn sie alle dicht zusammengedrängt in der Mitte unter der Wärmequelle kauern, ist ihnen zu kalt. Wenn sie sich hingegen am äußeren Rand der Wärmequelle befinden, ist ihnen zu warm. Sie sollten alle gleichmäßig um die Wärmequelle verteilt sein.

Die Küken benötigen die Wärmequelle ca. sechs Wochen lang. Entfernen Sie sie danach behutsam, indem Sie die Wärmelampe über ein paar Tage immer weiter hochhängen, um die Küken an die niedrigere Temperatur zu gewöhnen. Nur ein Teil ihres Bereiches sollte beheizt sein, damit die Küken sich abkühlen können. Frische Luft ist wichtig, damit sie nicht überhitzen.

Die Küken müssen ständig mit frischem Wasser und Kükenaufzuchtfutter (siehe Seite 168) versorgt sein. Sie können sich als „Mama" betätigen, indem sie sanft ihre Schnäbel ins Futter tunken. Sobald ein Küken anfängt zu fressen und zu trinken, machen es ihm die anderen bald nach.

Tierhaltung

Hilfe beim Schlüpfen Es gibt Leute, die beim Vorgang des Schlüpfens nicht eingreifen, weil sie sagen, dass Küken, die nicht von alleine schlüpfen, wahrscheinlich behindert sind, und dass es besser ist, diese Dinge der Natur zu überlassen. Ich habe mehrere Bruten aufgezogen, sowohl mit dem Brutapparat als auch mit einer Glucke. Die Glucken überlasse ich normalerweise sich selbst, aber wenn ein Küken länger als zwölf Stunden gepiepst hat, die Eierschale gebrochen ist, das Küken aber dennoch nicht geschlüpft ist, dann habe ich die Schale entfernt. Sie müssen dabei sehr behutsam vorgehen, denn die Eierschale klebt manchmal am Küken fest.

Diese Vorgehensweise steht gänzlich in Ihrem Ermessen. Meine eigene Erfahrung ist, dass die Küken aus dem Brutapparat, denen ich geholfen habe, sich immer gut gemacht haben. Die einzigen Male, bei denen ich ein behindertes Hühnchen hatte, waren mit einer Glucke.

Füttern und Tränken Die ersten sechs Wochen erhalten Küken eine Anfangsnahrung für Küken (Kükenstarter). Sie benötigen stets frisches, sauberes Wasser. Wenn sie ungefähr 20–25 Wochen alt sind, gibt man ihnen Futter für Junghennen, danach Legepellets bzw. -mehl (siehe Seite 158).

Hahn oder Henne? Manche Rassen wurden so gezüchtet, dass man das Geschlecht an der Farbe erkennen kann, damit die männlichen gleich nach dem Schlüpfen getötet werden können. Bei den meisten Rassen ist es jedoch sehr schwierig, das Geschlecht zu bestimmen, und unter Umständen wissen Sie erst, ob Sie einen Hahn oder eine Henne vor sich haben, wenn das Tier im Alter von 25 Wochen zu krähen beginnt.

Braucht man einen Hahn?

Wenn Sie nicht vorhaben, Küken aufzuziehen, gibt es keinen Grund, einen Hahn zu halten. Hennen leben auch ohne Hahn sehr gut als Gruppe zusammen. Es gibt oft Beschränkungen, was die Haltung von Hähnen betrifft. Je nachdem, wo Sie wohnen, kann ein Hahn auch schnell die Nachbarschaft gegen Sie aufbringen. Das empfohlene Verhältnis zwischen Hähnen und Hennen ist ein Hahn auf zehn Hennen.

Links: *Ein gelber Orpington-Hahn ist ein prächtiges Tier, aber nicht um fünf Uhr morgens nach einer langen Nacht.*

Gegenüberliegende Seite: *Eine Brahma-Henne kann als perfekte Ersatzmutter für diese gelben Orpington-Küken fungieren. Sie wurden aus gekauften Bruteiern gezogen.*

BIENENZUCHT
Versüßen Sie Ihr Leben

Bienen zu halten ist eines der wunderbarsten Gegenmittel gegen die Strapazen des Lebens im 21. Jahrhundert. Dabei müssen Sie behutsam und im Einklang mit dem Wetter handeln und die Reihenfolge der Blühzeiten verstehen. Aber anders als bei den meisten Hobbys werden Sie mit einem äußerst köstlichen Ergebnis belohnt: mit Ihrem eigenen Honig – und völliger innerer Zufriedenheit.

Zu Beginn

Wenn Sie ein absoluter Anfänger sind, sind Sie gut beraten, wenn Sie sich an Ihren örtlichen Imkerverein wenden. Viele Gruppen bieten Einführungskurse für Anfänger an. Andere vermitteln Ihnen eine „Kontaktperson", die Ihnen in den ersten paar Jahren stets mit Rat und Tat zur Seite steht und durch die Sie vermutlich auch an gebrauchte Ausrüstung und sanftmütige Bienen kommen.

Alles über Bienenstöcke

Alle Bienenstöcke, auch Beuten genannt, bestehen aus übereinandergestapelten, oben und unten offenen Kästen, zuunterst einem Boden und zuoberst einem Dach.

Wie in einem Aktenschrank werden in jeden Kasten Rähmchen mit Wachsplatten gehängt.

Die Bienen bauen auf dieser Vorlage aus Wachs, der so genannten Mittelwand, Waben zur Auf-

zucht der Brut oder zur Lagerung des Honigs.

Die Bienen lagern den Honig im oberen Teil eines Bienenstocks, während die Königin ihre Eier im unteren Teil ablegt. Durch ein Absperrgitter, das die kleineren Arbeitsbienen passieren können, die größere Königin aber nicht, sorgt man dafür, dass der untere Brutraum die Königin, Eier und Larven enthält und von den oberen Kästen getrennt ist, wo der Honig aufbewahrt wird.

Die Bienenstöcke stellt man am besten an einem sonnigen, aber beschatteten Ort auf, und zwar in die Richtung, aus der der Wind meist kommt, weil das den Bienen hilft, wenn sie mit Nektar beladen zurückkommen. Im Garten sollten die Stöcke in einem Abstand von 1–1,2 m in Richtung hoher Gegenstände, wie eine Hütte, ein Zaun oder eine Hecke zeigen, damit die Bienen aus dem Stock direkt nach oben wegfliegen. Wenn Sie mehr als einen Stock besitzen, lassen Sie ungefähr 1 m Abstand zwischen jedem und richten Sie sie so aus, dass die Fluglöcher in verschiedene Richtungen zeigen.

Welche Beute?

Die meisten Anfänger beginnen mit der leicht zu handhabenden Magazin- bzw. Oberbehandlungsbeute, die aussieht wie ein Stapel viereckiger brauner Kisten. Die ästhetischere Wahl ist die traditionelle weiße WBC-Beute (die Buchstaben sind die Initialen des Erfinders). Sie ist zwar schwieriger zu handhaben, aber allein ihre Erscheinung lohnt den Aufwand.

RECHTS: *Eine traditionelle weiße Beute ist eine schöne Ergänzung für Ihren Bauerngarten.*

Die Ausrüstung des Imkers – und die Bienen

Zusätzlich zur Beute benötigen Sie zwei grundlegende Geräte: einen Smoker und einen Stockmeißel. Den Smoker brauchen Sie, um während Ihrer Arbeit Rauch auszustoßen, der die Bienen beruhigt. Den Smoker in Gang zu halten ist eine Kunst für sich, und jeder hat seinen eigenen bevorzugten Brennstoff – alte Eierkartons funktionieren besonders gut. Ein Stockmeißel hat einen Haken und ein flaches Ende und wird dazu verwendet, die einzelnen Teile der Beute auseinanderzunehmen.

Wie bei allen anderen Hobbys, so gibt es auch hier darüber hinaus Hunderte verschiedener Geräte und Produkte. Wenn Sie sich für die Bienenzucht als Hobby entscheiden, werden Ihre Verwandten nie wieder um ein Geschenk verlegen sein.

Als Anfänger sollten Sie den größtmöglichen Schutz wählen: einen Schutzanzug mit Schleier in Kombination mit guten Handschuhen und robusten Gummistiefeln.

Und schließlich brauchen Sie auch Bienen! Suchen Sie Rat bei anderen Imkern, aber achten Sie vor allem darauf, dass die Bienen sanftmütig sind. Das Temperament von Bienen kann stark variieren, und gerade als Anfänger brauchen Sie ruhige Bienen.

Ihr örtlicher Imkerverein kann Sie vielleicht auch mit Bienen versorgen, oder Sie können im Fachhandel einen Ableger kaufen, d. h. ein kleines Volk Honigbienen, kleiner als ein vollständig etabliertes Bienenvolk. Besuchen Sie eine Bienenauktion (siehe unten) oder bitten Sie einen befreundeten Imker, nach einem Schwarm Ausschau zu halten.

Die Anfangsrechnung Wenn Sie sich wirklich alles neu kaufen, müssten Sie mit mindestens 300 Euro für die Beute mit Bienen und Werkzeug und 100 Euro für Kleidung rechnen. Achten Sie jedoch auf die Bienenauktion Ihres Imkervereins vor Ort, die normalerweise im späten Frühjahr stattfindet. Dort können Sie viele der benötigten Gegenstände in gebrauchtem Zustand finden.

LINKS: *Verwenden Sie den Smoker, um die Bienen zu beruhigen.*

UNTEN: *Ein Stockmeißel ist sehr praktisch, um die Rähmchen aus der Zarge zu holen.*

RECHTS: *Eine geeignete Schutzkleidung ist wichtig für Ihre Sicherheit.*

Das Privatleben einer Honigbiene

Anders als die meisten anderen Insekten halten Honigbienen keinen Winterschlaf. Sie überleben im Sommer durch eine große Arbeiterschaft mit bis zu 50 000 Bienen, die Nektar sammelt und Honig produziert. Im Winter reduziert sich ihre Anzahl auf 10 000 Bienen, die sich von Honig ernähren.

Jede einzelne Biene ist ein selbstloses Mitglied einer hoch entwickelten Gesellschaft, die man Volk nennt. Ein Bienenvolk besteht zu 99 Prozent aus Arbeiterinnen.

Ihre Lebenserwartung hängt von ihrer Arbeitsbelastung ab: Eine fleißige Sommerbiene erschöpft sich in sechs Wochen, während eine weniger aktive, im Herbst geschlüpfte Biene sechs Monate lang und den Winter über leben kann.

Während der arbeitsreichen Sommermonate hängt die Arbeitsplatzbeschreibung der einzelnen Bewohner von ihrem Alter ab: 0–4 Tage nach dem Schlüpfen werden sie dazu eingesetzt, die Larven zu säubern und zu füttern, nach 6–14 Tagen beginnen sie mit den ersten Testflügen, sind aber hauptsächlich mit Hausarbeit und Wachdienst beschäftigt, und nach 14–21 Tagen sind sie Wachshersteller, bauen und reparieren Waben. Erst nach drei Wochen fangen sie an, nach Nektar zu suchen. Die ans Haus gebundenen Bienen reduzieren den Wassergehalt des Nektars und wandeln ihn so in Honig um.

Jedes Volk hat eine Königin. Sie ist um die Hälfte größer als eine Arbeiterin und kann bis zu drei Jahre lang leben. In dieser Zeit kann sie mehr als eine halbe Million Eier legen. Eine Königin entsteht, wenn die Arbeitsbienen eine Larve mit Gelée Royale füttern. Bald nach dem Schlüpfen macht sie einen Hochzeitsflug, paart sich mit sechs oder sieben männlichen Bienen (Drohnen) und kehrt in den Bienenstock zurück, um ihn nie wieder zu verlassen – außer wenn das Volk schwärmt. Alle Bedürfnisse der Königin werden Tag für Tag von den Arbeitsbienen erfüllt. Sie legt aber nicht nur Eier, sondern gibt auch einen Duftstoff (Pheromon) ab, der die Arbeitsbienen ihren eigenen Bienenstock wiederfinden und fremde Eindringlinge erkennen lässt.

Der einzige Zweck der Drohnen ist die Vermehrung. Sie werden während der Frühlings- und Sommermonate im Stock geduldet und wandern dann wie die Landstreicher von Bienenstock zu Bienenstock. Bei schönem Wetter verlassen die Drohnen am Morgen das Volk und warten auf eine Jungkönigin, mit der sie sich im Flug paaren. Dies ist allerdings ein selbstloser Akt, weil das Geschlechtsorgan der Drohne dabei buchstäblich explodiert und die männliche Biene stirbt.

Die begattete Bienenkönigin kehrt anschließend in den Stock zurück und fängt an, Eier zu legen, und zwar bis zu 1500 am Tag, ungefähr drei Jahre lang.

UNTEN: Im Sommer kann ein Volk aus bis zu 50 000 Bienen bestehen.

UNTEN: Dieses Rähmchen enthält einen Teil des Brutnests.

Ein Jahr im Leben eines Imkers

Durch den Klimawandel lässt sich schlecht eine verlässliche monatliche Liste mit den Pflichten eines Imkers aufstellen. Um beurteilen zu können, was im Bienenstock zu tun ist, beobachtet man am besten, welche Pflanzen in Blüte stehen. Hier ist ein kurzer Überblick über die grundlegenden Aufgaben:

Frühling

Sobald im Frühling die ersten Krokusse blühen, sollten Sie sich an einem sonnigen Tag vergewissern, dass die Bienen unterwegs sind. Überprüfen Sie, ob sie noch Honig haben. Heben Sie die Beute an, und wenn sie sehr leicht ist, füttern Sie die Bienen mit einer Zuckerlösung. Öffnen Sie die Beute nicht.

Sobald es warm genug fürs T-Shirt ist, sollte die Beute für eine gründliche Untersuchung und den Frühjahrsputz geöffnet werden. Sie müssen überprüfen, ob Ihre Königin Eier legt und ob es genug Honigvorräte gibt.

Wenn in der Mitte bis gegen Ende des Frühlings der Weißdorn erblüht ist, beginnt die Zeit des Schwärmens, und der Bienenstock muss alle zehn Tage überprüft werden.

Sie sollten sich vergewissern, dass die Königin viele Eier legt, und nach Königinnenzellen suchen. Dies ist ein Zeichen dafür, dass das Volk schwärmen wird, und Sie müssen etwas dagegen unternehmen: Im Brutraum muss ausreichend Platz zum Eierlegen und zur Aufbewahrung von Honig in den oberen Zargen sein.

Sommer

Wenn im Spätfrühling/Frühsommer die Linden blühen, genießen Ihre Bienen den größten Honigfluss. Kontrollieren Sie regelmäßig, wie schnell sie die Zargen füllen. Sobald die oberste Zarge zu 70 Prozent mit Honigwaben und/oder Bienen besetzt ist, sollten Sie eine weitere Zarge hinzufügen.

Der Honigfluss ist mehr oder weniger zu Ende, sobald die Blüte des Schmalblättrigen Weidenröschens vorbei ist – normalerweise im Hochsommer. Sammeln Sie jetzt Ihren Honig!

Zuerst müssen Sie die Bienen vom Honig entfernen. Die Bienenflucht ist eine Art Schleuse, die zwischen den Brut- und den Honigraum geschoben wird. Wenn die Bienen den Honigraum verlassen, können sie nicht zurück und die Rähmchen können ohne Bienen entnommen werden. Installieren Sie die Bienenflucht am Morgen. Am Abend sammeln Sie die bienenfreien Zargen mit den Rähmchen voller Honig ein.

Jede Zarge kann bis zu 13 kg wiegen, jedes Rähmchen 1,3 kg. Deshalb benötigen Sie eine Schubkarre. Lassen Sie mindestens eine Zarge mit Honig für die Bienen.

Um den Honig aus den Rähmchen zu schleudern, müssen Sie die Waben entdeckeln und in eine Honigschleuder geben. Diese funktioniert mit Zentrifugalkraft, es gibt auch elektrische. Lassen Sie die leeren Waben den Bienen zum Säubern, bevor Sie sie für die Aufbewahrung über den Winter entfernen. Der Honig sammelt sich im unteren Teil der

RECHTS: *Eine Zarge voller Honig wird angehoben.*

Schleuder. Füllen Sie den Honig in sterilisierte Gläser mit Verschluss. Der Honig hält sich buchstäblich Hunderte von Jahren!

In einem guten Sommer können Sie eine Honigernte von mindestens 18 kg pro Bienenstock erwarten. Viele erfahrene Imker erhalten sogar noch viel mehr.

Schließlich müssen Sie den „gestohlenen" Honig ersetzen, indem Sie Ihre Bienen mit einer Rohrzuckerlösung füttern: 450 g weißer Kristall-Rohrzucker auf 570 ml Wasser. Denken Sie daran, dass jeder Bienenstock für den Winter ein Lager von 16 kg Honig benötigt. Die Lösung wird in einem Futterbehälter auf die Rähmchen gestellt, damit die Bienen sie verdauen und in Honig verwandeln können.

Bienenwachs kann in geringem Umfang gewonnen werden, indem man das Wachs während der Honiggewinnung entfernt. Lassen Sie es in einem alten Topf schmelzen.

Herbst

Überprüfen Sie Ihre Bienen in der Mitte des Herbstes ein letztes Mal vor dem Winter: Bringen Sie ein Mäusegitter über dem Einflugloch an, stecken Sie ein paar Plastiksäcke um die Beute herum fest, um Spechte abzuwehren, und legen Sie ein paar schwere Ziegelsteine auf das Dach der Beute, damit alles gesichert ist, falls das Wetter rau und stürmisch ist.

Winter

Lassen Sie Ihre Bienen in Ruhe und öffnen Sie niemals die Beute. Schauen Sie an einem sonnigen Tag beim Bienenstock vorbei: Sie werden ein paar Bienen sehen, die den Sonnenschein genießen.

Schwärmen

Da Bienen wilde Tiere sind, können Bienenvölker auch ohne das Eingreifen des Menschen sehr gut überleben. Im Frühling vergrößern sie ihr Volk, machen den Sommer über Honig, verkleinern ihr Volk im Winter wieder und leben von den Vorräten. Um ein neues Volk zu bilden, durchlaufen sie einen natürlichen Prozess, den man Schwärmen nennt.

Das bedeutet, dass die alte Königin und alle fliegenden Bienen den Stock verlassen und ein neues Zuhause suchen. Eine Königinnenwabe, aus der die neue Königin schlüpfen wird, und alle an den Bienenstock gebundenen Bienen werden zurückgelassen. Während also Ihr ursprüngliches Bienenvolk weiterhin existiert und sich den Sommer über vergrößert, wird die Arbeiterschaft stark dezimiert, was die Menge an Honig in diesem Jahr beträchtlich reduziert.

Das Schwärmen ist ein komplexes Thema. Jede Menge Bücher wurden bereits dazu geschrieben. Wenn Sie also die Kunst der Schwarmverhinderung beherrschen, sind Sie auf dem besten Wege, ein ernstzunehmender Imker zu werden.

Stiche

Ein Bienenstich lässt sich nicht vermeiden, besonders als Neuling. Entfernen Sie den Stachel und reiben Sie die Stelle mit einer Antihistaminsalbe ein oder nehmen Sie eine Antihistamintablette. Bienenstiche sind normalerweise unproblematisch, außer im Gesicht oder im Hals. Dann sollten Sie einen Arzt aufsuchen. Manche Menschen reagieren allergisch. Auch in diesem Fall sollten Sie ärztlichen Rat einholen.

Honig

Diese gehaltvolle, goldene Flüssigkeit wird von allen Kulturen auf der ganzen Welt geliebt. Er schmeckt nicht nur köstlich auf Toastbrot, sondern kann beim Kochen und Backen als Ersatz für Zucker verwendet werden. Honig wird nie etwas hinzugefügt oder entzogen. Er benötigt keine Konservierungsstoffe und ist durch und durch natürlich. Da Honig süßer ist als Zucker, sollten Sie nur zwei Drittel der angegebenen Menge Zucker nehmen.

Der Geschmack, das Aroma und die Farbe des Honigs werden durch die Art der Blüte beeinflusst, aus der die Biene Nektar sammelt. Der Honig nimmt die charakteristischen Eigenschaften der Pflanzen auf, welche die Biene besucht hat, z.B. Lavendel, Apfelblüte, Löwenzahn, Rosmarin oder Thymian. Die meisten Bienenvölker sammeln zwar Nektar von verschiedenen Blüten, manche Bienenvölker ernähren sich jedoch von nur einer Art Blüte, und das ist bei Imkern besonders gefragt.

Honig kristallisiert, wenn er zu kalt aufbewahrt wird. Um eine Kristallisation zu vermeiden, lagert man Honig am besten bei ca. 21 °C. Er kann auch kristallisieren, wenn durch einen nassen Löffel Feuchtigkeit ins Glas gelangt oder wenn er in einer feuchten Umgebung unverschlossen aufbewahrt wird. In einem warmen Wasserbad kann man ihn wieder verflüssigen. Lagern Sie Honig am besten in einem luftdichten Behälter bei Zimmertemperatur.

Auf der ganzen Welt gibt es viele verschiedene Honigsorten mit einer ganzen Reihe exotischer Geschmacksrichtungen. Allein in den USA gibt es über 300 einzigartige Sorten aus diversen Blütenquellen wie Klee, Eukalyptus und Orangenblüte.

Warnhinweis Bei der Ernährung von Säuglingen muss in den ersten 12 Lebensmonaten vollständig auf Honig verzichtet werden, da er Botulismus-Erreger enthalten kann. Für Erwachsene völlig ungefährlich, kann er bei Babys zum Tod führen!

Faszinierende Tatsachen über Honig

Wussten Sie schon, dass ...

... man mit Honig Halsschmerzen, Husten, Schnitte und Verbrennungen behandeln kann? Er ist seit Jahrtausenden als natürliches Heilmittel anerkannt.

... eine Biene ihren Kolleginnen den Ort einer guten Nektarquelle anzeigt, indem sie eine Art Tanz aufführt? Dabei setzt sie die Blume in Relation zur Sonne und zum Bienenstock. Das nennt man „Schwänzeltanz".

... Honig sehr haltbar ist? Ein Forscher, der in einem ägyptischen Grab ein 2000 Jahre altes Glas Honig fand, berichtete, er hätte immer noch köstlich geschmeckt.

OBEN: *Es ist äußerst wichtig, das Brutnest während der Saison regelmäßig zu kontrollieren.*

Tierhaltung

ZIEGENHALTUNG

Es gibt mehrere Gründe für Ziegenhaltung – wegen ihrer Milch, ihres Fleisches oder Fells oder einfach als Haustiere. Wenn Sie Ziegen als Milch- oder Schlachtvieh halten wollen, sollten Sie Fachbücher konsultieren oder Kontakt zu einem erfahrenen Ziegenhalter aufnehmen. Dieser kann Ihnen Einzelheiten über das Melken und die Käseherstellung bzw. über das Schlachten und die Herstellung Ihrer eigenen Fleischwaren vermitteln. Aus welchem Grund auch immer Sie Ziegen halten – Sie werden sehen, dass es faszinierende und neugierige Kreaturen und großartige Kameraden in Ihrem Bauerngarten sind.

Da Ziegen Herdentiere sind, sollten Sie immer mehr als eine Ziege halten. Manche Leute halten Ziegen als Gefährten für andere Tiere wie Pferde, aber Ziegen bevorzugen die Gesellschaft anderer Ziegen.

Sich für Ziegen rüsten Wenn Sie sich für eine Ziegenrasse entschieden haben, sollten Sie Kontakt zu einem empfohlenen Züchter aufnehmen. Treten Sie in Verbindung zu ihrem örtlichen Ziegenzuchtverein, und Sie erhalten Informationen zu Ziegenrassen, Züchtern vor Ort und Ziegenhaltung. Ziegen sollten in einem geschlossenen Lastwagen, einem Pferdetransporter oder Anhänger transportiert werden. Manche Züchter liefern die Ziegen auch aus.

Die meisten Ziegen (außer Zwergziegen; siehe den Kasten unten links) werden enthornt, solange sie noch jung sind, um sowohl die Ziegen als auch die Menschen zu schützen.

Grundlagen der Ziegenhaltung Ziegen brauchen wenig Platz, sind billig im Unterhalt, im Allgemeinen leicht zu handhaben und benötigen nur eine einfache Behausung. Solange ihre Unterkunft gut belüftet ist, es dort nicht zieht, und sie vor Wettereinflüssen geschützt sind (Ziegen hassen Regen), sind sie völlig zufrieden. Selbst eine einfache Gartenhütte kann in einen Ziegenstall verwandelt werden. Eine einzelne Ziege benötigt ca. 19 m² Platz im Freien. Eine Zwergziege braucht ca. 12 m².

Ein Zaun ist besonders wichtig, wenn man Ziegen hält. Sie sind regelrechte Künstler, was das Ent-

Welche Rasse?

Zu den beliebten Ziegenrassen gehören:

Angoraziege – besonders wegen ihres Fells bzw. der Mohairwolle

Anglo-Nubier-Ziege

Toggenburger Ziege

La-Mancha-Ziege

Zwergziege – eine kleine Rasse, besonders beliebt als Haustier.

kommen betrifft, und werden ungesicherte Stellen überspringen oder sich darunter durcharbeiten. Es wird empfohlen, um ihren Auslauf einen 1,2–1,5 m hohen Maschendrahtzaun mit stabilen Pfosten zu errichten. Sie können auch einen Elektrozaun verwenden. Solange Ziegen gut gefüttert werden und sich nicht zu sehr langweilen, bleiben sie normalerweise an Ort und Stelle. Sie sollten allerdings nicht den Fehler begehen, das Ziegengehege in Sichtweite Ihres Gemüsegartens anzulegen. Ziegen klettern von Natur aus gerne. Achten Sie deshalb darauf, dass sich in der Nähe des Zaunes keine Erhöhungen befinden, die Ihre Ziegen als Sprungbrett in die Freiheit verwenden könnten.

Ziegen beschädigen Bäume und Hecken – Sie fressen alles, was sie nicht fressen sollen. Deshalb ist es wichtig, sie in einem abgegrenzten Bereich zu halten, wo sie nicht in Kontakt mit Dingen kommen, die sie nicht fressen sollen.

Ziegen halten Ihren Rasen nicht so kurz wie andere grasende Tiere; sie bevorzugen Gebüsch. Sie müssen ihre Nahrung ergänzen, indem Sie sie mit speziell zusammengestelltem Ziegenfutter füttern. Im Winter brauchen sie zusätzlich Heu. Auch ein Leckstein aus Mineralsalzen tut ihnen gut.

Junge Ziegen tragen Gegenstände herum und spielen mit ihnen, genau wie Welpen. Passen Sie auf, dass sie nicht mit scharfen Gegenständen wie Konservendosen spielen – sie versuchen nicht, sie zu fressen, sondern erkunden sie nur.

GEGENÜBERLIEGENDE SEITE: *Zicklein genießen es, zu erkunden, zu entkommen und Hecken zu durchstöbern.*

RECHTS: *Halten Sie immer mehr als eine Ziege – eine einsame Ziege ist keine glückliche Ziege.*

SCHWEINEHALTUNG

Schweine sind hochintelligente, sehr freundliche Tiere. Die meisten Leute ziehen Schweine wegen ihres Fleisches auf. Das ist die nächste Stufe auf dem Weg zu einem Leben als Selbstversorger.

Schweinemärchen Schweine haben oft zu Unrecht einen schlechten Ruf. Ja, sie fressen gerne. Ja, sie machen beim Fressen schweinische Geräusche – aber es sind nun einmal Schweine. Schweine fressen alles: Sie stöbern und wühlen nach Futter, verschlingen jegliche Überreste aus Küche oder Garten und verwandeln das alles in Fleisch für Ihren Esstisch. Sie erweisen sich auch als nützlich beim Umgraben Ihres Gemüsebeetes am Ende der Saison, und während sie das tun, versorgen sie Ihren Boden mit wertvollem Mist.

Schweine stinken normalerweise nicht. Wenn doch, ist es das Futter, das riecht. Früher haben Schweinebauern Tröge mit Schweinefutter gefüllt: Speisereste von Restaurants und Haushalten, die sie gesammelt und aufgekocht haben. Dies ergab eine Substanz mit stechendem Geruch. Daher hat das Schwein den Ruf, es würde stinken. Dies wird aber nicht mehr praktiziert, und die Schweine werden mit industriell hergestelltem Schweinefutter gefüttert.

Sich auf Schweine vorbereiten Wenn Sie sich dafür entscheiden, Schweine wegen des Fleisches zu halten, dann sollten Sie Kontakt zu einem erfahrenen Schweinehalter und -züchter vor Ort aufnehmen. Es lohnt sich auch, an einem Kurs über Schweinehaltung teilzunehmen. Dort erhalten Sie Ratschläge darüber, wie Sie etwas über die besten Rassen herausfinden, und Sie werden wichtige Fähigkeiten erlernen, die Sie für die Tierhaltung brau-

UNTEN: *Eine Sau mit ihrem Wurf auf der Suche nach Würmern, Eicheln und Samen.*

chen werden. Außerdem kommen Sie dadurch in Kontakt zu Ihrem örtlichen Schlachthof.

Schweine sind Herdentiere und müssen mit anderen Schweinen zusammen gehalten werden. Im Allgemeinen fangen Leute mit der Schweinehaltung an, indem sie ein paar acht Wochen alte Ferkel kaufen. Diese ziehen sie auf, bis sie mit ca. sechs Monaten Schlachtreife erreicht haben, und lassen sie dann vor Ort schlachten.

Sie müssen die Schweine in einem abgeschlossenen Transportmittel nach Hause bringen, am besten in einem Anhänger oder einer Pferdebox. Es ist zwar auch möglich, sie in einem Transportkäfig für Hunde im Kofferraum des Autos nach Hause zu bringen, aber Schweine quieken ohrenbetäubend und koten vielleicht ins Auto. Je schneller Sie sie nach Hause bringen, desto besser. Und vergessen Sie nicht, alle Fenster zu öffnen!

Prinzipien der Schweinehaltung Einer der wichtigsten Faktoren ist Platz. Ein glückliches Schwein ist ein freilaufendes Schwein mit viel freier Fläche und einem Unterstand. Die einfachste Möglichkeit ist ein Elektrozaun, weil er leicht zu errichten, tragbar und wirkungsvoll darin ist, die Tiere in Grenzen zu halten. Schweine wühlen von Natur aus die Erde auf und produzieren so Schlamm. Sie benötigen mindestens 14 m² pro Schwein. In nassen Gebieten kann sich diese Zahl verdreifachen. Viele Schweinehalter verlegen das Schweinegehege, wenn der Boden zu schlammig wird.

Schweine brauchen einen Unterstand, der sie vor Wettereinflüssen schützt, besonders vor Wind und Sonne, denn sie können Sonnenbrand bekommen. Zwei Schweine können in einer Hütte in A-Form untergebracht werden. Diese kann entweder gekauft oder selbst gemacht werden, und zwar aus Holz und Wellblech oder aus Strohballen mit einem Wellblechdach. Ihre Behausung muss stark sein, damit die Schweine sie nicht zertrampeln oder fressen können.

Schweine müssen nicht unbedingt auf einer Fläche im Garten gehalten werden. Wenn Sie ein entsprechendes Grundstück besitzen, streifen sie auch gerne im Wald herum und ernähren sich von Wildfrüchten.

Schweine müssen jeden Tag gefüttert werden, je nach Alter mehrmals am Tag. Halten Sie einen „Schweineeimer" in einem Schrank in der Nähe des Spültisches bereit, damit Sie alle Reste hineingeben und den Schweinen als Teil ihrer Kost verfüttern können. In den Schweineeimer können Sie fast alles werfen, was Sie selbst essen, einschließlich Teebeuteln, Eierschalen, Milch und Eier. Verfüttern Sie ihnen aber kein Fleisch. Da in den meisten Haushalten nicht genügend Küchenabfälle anfallen, müssen Sie ihre Nahrung durch Schweine-Komplettfutter ergänzen. Schweine benötigen auch jeden Tag frisches, sauberes Wasser.

> *Tipp* Schweine lieben es, gestriegelt zu werden. Eine harte Bürste oder feste Fingernägel können ein Schwein in Trance versetzen. Das ist auch die ideale Gelegenheit für Sie, zu überprüfen, ob Ihre Tiere in einem guten Zustand sind, und eine Beziehung zu ihnen aufzubauen.

UNTEN: Schweine sind überaus reinliche Tiere. Sie brauchen sauberes Stroh und ein trockenes Haus.

Nützliche Adressen und Internetseiten

Internetseiten von Nicki Trench

www.trenchandgrimes.com
www.nickitrench.com
www.nickitrench.blogspot.com
Informationen über den Anbau von Gemüse und Hühnerhaltung

Slow Food Deutschland e. V.
Geschäftsstelle
Luisenstraße 45
10117 Berlin
Telefon: 030/24 62 59 39
www.slowfood.de
Regional und saisonal genießen

Institutionen

Bundesverband Deutscher Gartenfreunde e. V.
Platanenallee 37
14050 Berlin
Telefon: 030/30 20 71-40
www.kleingarten-bund.de
Informationen rund um den Garten und das Kleingartenwesen

Verband der Gartenbauvereine
www.gartenbauvereine.de
Für die Erhaltung der Gartenkultur und die Pflege der Kulturlandschaft

Naturschutzbund Deutschland e. V.
Charitéstraße 3
10117 Berlin
Telefon: 030/28 49 84-0
www.nabu.de
Naturschutz, um die Vielfalt der heimischen Tier- und Pflanzenwelt zu erhalten

Allgemeines

Biobay
www.biobay.de
Portal für Umweltschutz, Lifestyle, Fairness und Lebensqualität

Der Bio-Gärtner
www.bio-gaertner.de
Umfassendes Online-Nachschlagewerk für alle Fragen des biologischen und ökologischen Gartenbaus und gesunder Lebensweise

Bioverzeichnis
www.bioverzeichnis.de
Bio- und Öko-Informationen per Mausklick

Demeter-Gartenrundbrief
www.gartenrundbrief.de
Arbeiten im Bio-Garten

Eco-World
www.eco-world.de
Portal für ein bewusst genussvolles Leben und ökologisch nachhaltiges Handeln

Einfach natürlich
www.einfach-natuerlich.de
Altbewährte Tipps und Rezepte für Haus und Garten

Gartenwelt Natur
www.gartenwelt-natur.de
Online-Gartenmagazin für ökologisches Gärtnern

Hausgarten
www.hausgarten.net
Haus und Garten erleben

Der Kräuter-Almanach
www.kraeuter-almanach.de
Alles über Kräuter

Kräuter-Garten
www.kraeuter-garten.info
Alles, was man über Kräuter und Gewürze wissen muss

Mein schöner Garten
www.mein-schoener-garten.de
Das große Gartenportal mit umfassenden Infos rund um Pflanzen und Garten

Der Selbstversorger
www.selbstversorger.de
Selbstversorgung als Selbstversorger

Treffpunkt Umweltethik
www.treffpunkt-umweltethik.de/empfehlungen.htm
Tipps für ökologisches, nachhaltiges und umweltbewusstes Leben, u. a. Einkaufen, Tierschutz, Verbraucherschutz

Umwelt unter einem Dach
www.umweltdatenbank.de
Überblick über die Unternehmen und Aktivitäten, die sich in Deutschland, Österreich und der Schweiz mit dem Thema Umwelt befassen

Unser schöner Garten
www.unser-schoener-garten.com
Alles rund um den eigenen Garten

Saatgutlieferanten und Gärtnereien

Aiko-Samen
www.aiko-samen.de
Exklusive und vielfältige Auswahl an Pflanzen-, Gemüse- und Blumensamen

Bingenheimer Saatgut GmbH – ökologische Saaten
www.oekoseeds.de
Traditionelle Sorten und biologisch-dynamische Neuzüchtungen

Bio-Saatgut
www.bio-saatgut.de
Saatgut aus kontrolliert biologischem Anbau

Nützliche Adressen und Internetseiten

Dreschflegel-Saatgut
www.dreschflegel-saatgut.de
Gärtnern im Einklang mit der Natur – mit Schaugarten

Grüner Tiger
www.gruenertiger.de
Saatgut alter Kulturpflanzen

Keimzeit Samen-Kreationen
www.keimzeit-saatgut.de
Saatgut-Händler mit besonderem Gemüse

Keller Biogarten und Gesundheit
www.biokeller.de
Saatgut aus biologisch-dynamischem Anbau

Magic Garden Seeds
www.magicgardenseeds.de
Versand von seltenen und exotischen Kulturpflanzen

Pharmasaat
www.pharmasaat.de
Saat- und Pflanzgut diverser Arznei-, Gewürz- und Aromapflanzen

Saatkontor
www.saatkontor.de
Versandhaus für Sämereien, Stauden und Blumenzwiebeln

Samenhaus – Saatgut online einkaufen
www.samenhaus.de
Versandhandel für Sämereien und Zubehör

Samen Schröder
www.samen-schroeder.de
Samen und Zubehör

Samenshop24
www.samenshop24.de
Samenfachversand

Samentraum Gassmann – der Bogen zur Natur
www.samentraum.de
Natürliche Vielfalt für Ihre grüne Oase

Sativa – ökologisches Pflanz- und Saatgut
www.sativa-saatgut.de
Pflanzgutsortiment aus biologischem und bio-dynamischem Anbau (Demeter)

Scharf und lecker
www.scharfundlecker.de
Reichhaltiges Sortiment an Chilisaatgut, Paprika und Tomatensämereien

Schlüter – Ideen für schöne Gärten
www.garten-schlueter.de
Versandbaumschule und Pflanzenversand

Sperli
www.sperli-versand.de
Qualitätssamen für den Gartenfreund und -kenner

Sunshine Seeds
www.sunshine-seeds.de
Sortiment an exotischen Zier-, Duft-, Frucht- und Nutzpflanzen

Syringa Duftpflanzen und Kräuter
www.syringa-pflanzen.de
Alte, seltene und asiatische Gemüse- und Salatsorten

Thompson & Morgan
www.tandmworldwide.com
Riesengroßes internationales Produktsortiment

Thysanotus Samenversand
www.thysanotus-samenversand.de
Neuheiten, Raritäten und historische Kultursorten

Treppens
www.treppens.de
Gartenkompetenz seit 1892: große Auswahl an Sämereien, Blumenzwiebeln und Gartenbedarf

Anbieter von Erde

Komposterde kann man günstig auf Recyclinghöfen in der Umgebung kaufen, die oft mit dem Siegel der Bundesgütegemeinschaft Kompost e. V. ausgezeichnet ist. Sie können sie deshalb bedenkenlos in Ihrem Garten als Bodenverbesserer nutzen.

BayWa Deutschland
www.baywa.de
Mit Filialfinder

Eine Welt Handel
www.eine-welt-handel.com
Kokosfasererde als umweltfreundliche Alternative zu Torf

Grünteam Versand
www.gruenteam-versand.de
Erde und Kompost

Kompostladen
www.kompostladen.de
Spezieller Wurmkomposter

Online-Shop Verband Deutscher Gartencenter
www.olerum.de
Erde und Dünger, auch biologisch

Plamundo Gartenshop
www.plamundo.de
Blumenerde, Anzuchterde und Substrate

Supercomb – New Standard for Composting Worldwide
www.komposter.com
Spezialist für Kompost

Wurmwelten – Natürliches Recycling zu Hause
www.wurmwelten.de
Kompostwürmer online

Gartenbedarf

Beckmann KG
www.beckmann-kg.de
Spezialist für Gewächshäuser, Gartenhäuser, Wintergärten etc.

Feine Werkzeuge – Dieter Schmid
www.feinewerkzeuge.de
Gartenwerkzeuge aus aller Welt

Garten-Versand24
www.garten-versand24.de
Online-Shop für Gartenbedarf, -zubehör und -geräte

Gartenwerkzeuge
www.gartenwerkzeuge.net
Leidenschaftlich gärtnern

Mehr als Werkzeug
www.mehr-als-werkzeug.de
Die feine Art der Gartenpflege

Nordlädchen
www.nordlaedchen.de
Für den Garten: Dekoration, Werkzeuge, Schmelzfeuer und Büsten

The English Gardener
www.the-english-gardener.de
Traditionelle englische Gartenwerkzeuge und Gießkannen ebenso wie innovative Gartenideen

Ward Gartenbedarf
www.gartenbedarf-versand.de
Gartenversand mit Online-Shop für edle Werkzeuge, Rasenkanten, Rankhilfen und Beeteinfassungen

Tierhaltung

Rettet das Huhn
www.rettetdashuhn.de
Netzwerk zur Vermittlung von Hennen aus Legebatterien

Bund Deutscher Rassegeflügelzüchter
Erlenbruchstraße 20
63071 Offenbach am Main
Telefon: 069/87876754
www.bdrg.de
Alles rund um Rassegeflügelzucht

Verband der Hühner-, Groß- und Wassergeflügelzüchtervereine zur Erhaltung der Arten- und Rassenvielfalt e. V.
www.vhgw.de
Informatives und Wissenswertes rund ums Geflügel

Verband der Zwerghuhnzüchter-Vereine e. V.
www.vzv.de
Alle Informationen über Zwerghühner

www.huehner-info.de
Alles rund ums Huhn

www.huehnerzucht.de
Informationen für Hühnerzüchter und -halter

Geflügelzeitung
Hobby- und Kleintierzüchter
Verlagsgesellschaft mbH & Co. KG
Wilhelmsaue 37
10713 Berlin
Telefon: 030/897454-300
www.gefluegelzeitung.de

Deutscher Imkerbund e. V.
Villiper Hauptstraße 3
53343 Wachtberg
Telefon: 0228/93292-0
www.deutscherimkerbund.de
Informationen rund um die Bienenzucht

Imkerbund.org e. V.
Fritz Reuter Straße 51a
09423 Gelenau
Telefon: 037297/5249
www.imkerbund.org
Informationen rund um die Bienenzucht

Mellifera
www.mellifera.de
Entwicklung und Erprobung nachhaltiger ökologischer Konzepte für die Imkerei

Bundesverband Deutscher Ziegenzüchter e. V. (BDZ)
Claire-Waldoff-Straße 7
10117 Berlin
Telefon: 030/31904-542
www.bundesverband-ziegen.de
Informationen und Beratung zur Ziegenhaltung und -zucht

Schweinefreunde e. V.
Königsweg 15
26556 Eversmeer
Telefon: 04975/751003
www.schweinefreunde.de
Verein und Infos für Schweine- und Minischweinefreunde

Register

A
Abhärten   48
Anhäufeln   65, 72, 96–97
Äpfel   126, 146
   Mischkultur   17
Artischocken   112–113
Asiatisches Gemüse   109
Aufbewahrung/Erzeugnisse aufbewahren   144–147
   s. auch die Einträge zu den einzelnen Obst- und Gemüsesorten
Ausrüstung   32–35
   s. auch Werkzeuge
Avocados, Mischkultur   17

B
Bärlauch   142–143
Basilikum   135
   Mischkultur   19
Baumkrebs, Behandlung   61
Beerenobst anbauen   122–125
Beet, Standort   14
   s. auch die Einträge zu den einzelnen Obst- und Gemüsesorten
Beinwell, Mischkultur   17–18
Beschneiden von Obstbäumen   124
Bienenhaltung   170–177
   Beuten   170–172
   das Jahr des Imkers   174–175
   das Leben der Honigbiene   173
Bienenstiche   176
Bierfallen herstellen   58
Birnen   127, 146
Blätter, zerkleinert, als Bodenzusatz   23

Blattgemüse und Salate: Anbau   104–109
   Aufbewahrung   146
   Familie   16
   Standort   15
   s. auch Blattsalate
Blattläuse   73, 113, 115, 120
   Behandlung von   60
Blattsalate   104–106, 146
Blumenampeln   51
Blumenkohl   74–75
   Köpfe schützen   74
   Mischkultur   17
Boden   20–23
   Arten   20
   pH-Wert testen   21
   verbessern   20, 23
      Hühnermist   151
   Zusammensetzung   20
   s. auch die Einträge zu den einzelnen Obst- und Gemüsesorten
Bohnen, Mischkultur   17–18
   s. auch die einzelnen Bohnensorten
Bohnenlaus, schwarze   84
Borretsch, Mischkultur   18–19
Brahmahennen   154–155
Brennnesseln   143
   Mischkultur   19
Brokkoli   80–81
   Mischkultur   17, 19
Brombeeren   140–141

C
Calabrese   80
Chinakohl   109

D
Dicke Bohnen   84–85
   Mischkultur   17
   Rankhilfe   86
Dickmaulrüssler   84

Dill, Mischkultur   17
Dünger, Flüssig-   29, 50
   natürlicher   50
   Stickstoff von Erbsenwurzeln   82

E
Eichhörnchen, Kontrollmaßnahmen   59
Eimer und Körbe   35
Erbsen   82–83
   Mischkultur   17–19
   Verwendung der Wurzeln   82
Erdbeeren   132–133
   in eine Kiste pflanzen   133
   Mischkultur   18
Erde, für Topfkultur   52
   im Gewächshaus   39
   s. auch die Einträge zu den einzelnen Obst- und Gemüsesorten
Erdflöhe   71
Erzeugnisse ausstellen   145
Estragon   138

F
Fächerspalier   125
Fäule, Behandlung   61
Fenchel   136
   Mischkultur   19
Fensterbrett, Anbau auf dem   38
Feuchtigkeit, Möglichkeiten der Speicherung   57
Feuerbohnen   88–89
   Mischkultur   17
Folientunnel   40
   Schadensbegrenzung   40
Frostschutz   90, 132
Fruchtgemüse   16
Fruchtwechsel   16, 58
Frühbeete   40–41

G

Gartenhandschuhe 35
Gartenmesser 35, 124
Gartenplanung 14–19
Gartenreinigung durch Hennen 151
Gartenschere 34–35, 124
Gartenschläuche 15, 56–57
Gefäße, Anbau in 51–53
    Drainage 52
    Erdbeeren 133
Gemüseschwemmen 16
Gesellschaft durch Hennen 151
Gesundheit der Hennen 151
Gewächshäuser 38–39
Gießen 54–57
    im Gewächshaus 39
    mit Hilfe eingegrabener Blumentöpfe 57
    Pflanzgefäße 52
    wann 56–57
    wie 54
    s. auch die Einträge zu den einzelnen Obst- und Gemüsesorten
Gießkannen 34, 56
Glockenförmige Hauben 41
Grabegabel 34
Grasschnitt als Bodenzusatz 23
Grauwasser 56
Gründüngung 23
Grüne Bohnen 87
    Mischkultur 17
Grünkohl 76–77
Gurken 102–103
    Mischkultur 17–19

H

Hacke 34
Hagebutten 140
Hähne 155, 168
Haselnüsse 143
Hauben 41, 108

Himbeeren 130
    Mischkultur 18
Hochbeete 30–31
    aus Holz herstellen 31
Holunderblüten und -beeren 143
Holzäpfel 140
Honig 176–177
Hühner 150–169
    s. auch Hühnerhaltung
Hühnerhaltung 150–169
    Eier-Know-how 164
    Füttern und Tränken 158–159
        Küken 168
        Ungeeignetes Futter 159
    Gesundheit 160–161, 163
    Gründe für die H. 151
    Hennen anfassen 156
    Klassisches Verhalten 157
    Kontrollmaßnahmen 59
    Kükenaufzucht 165–169
        Schlüpfen 166–168
    Rassen: Bantam 156
        Hybriden 156
        Kreuzungen 156
        reine 154–155
    Routinearbeiten 162–163
    Schutz vor Raubtieren 153, 162–163
Hühnerhaus 152–153
    Säubern 153, 162
    Sitzstangen und Nistplätze 152–153
Hülsenfrüchte: Anbau 82–89
    Familie 16
Hunde, Kontrollmaßnahmen 59
Hütten 32

I

Insekten, nützliche anlocken 70

Instandhaltung: Gewächshäuser 39
    Werkzeuge 35

J

Johannisbeeren, rote und weiße 131

K

Kalkböden 20
Kamille, Mischkultur 17–18
Kaninchen, Kontrollmaßnahmen 59
Kapuzinerkresse, Mischkultur 17–19
Karotten 66–67, 145
    Mischkultur 17–19
Karottenfliege 66
Kartoffelkäfer 65
Kartoffeln 64–65, 145
    Mischkultur 17–18
Katzen, Kontrollmaßnahmen 59
Katzenminze, Mischkultur 19
Kies, für Hennen 158
Kinder, Kontrollmaßnahmen 59
Kirschen 128
Kniekissen 35
Knoblauch 94–95, 145
    Mischkultur 17–19
Kohlfliege 72–74, 79
    Schutz vor 78
Kohlgemüse: Anbau 72–81
    Familie 16
    Mischkultur 17, 19
Kohlhernie 74, 79, 81
    Behandlung 61
Kohlmottenschildlaus 73–74
Komatsuna 109
Kompost/Kompostierung 23–27
    Belüften und reifen lassen 26

Entnehmen und verwenden 26
Ihr eigener K. 24–26
Wie es funktioniert 24
s. auch Wurmkomposter
Konserven 114, 129, 140, 146–147
Kopfkohl 78–79
Mischkultur 17–18
Kopfsalat 104–106
Mischkultur 17–18
Kordons 125–126
Koriander 136
Krankheiten: Behandlung 60–61
Fruchtwechsel 16
s. auch die Einträge zu den einzelnen Obst- und Gemüsesorten
Kräuteranbau 134–138
Kräutertees 139
Kürbisgemüse: Anbau 98–103
Familie 16
Mischkultur 17–19
Kürbisse 98–99
Aufbewahrung 146
Mischkultur 18

L

Larven, Bekämpfung 60
Lauch 96–97
Mischkultur 17–18
Lauchmotte 97
Lauchrost 97
Legebatteriehennen 154
Legemehl/-pellets 158
Lehmböden 20
Leitungswasser 55
Lorbeer 135
Löwenzahn 143

M

Mais 118–119

Mischkultur 17–18
Maisbeulenbrand 118
Mangold 107, 146
Marans, Hennen 156
Maulwürfe, Kontrollmaßnahmen 59
Mäuse 83, 98
Kontrollmaßnahmen 59
Meerrettich, Mischkultur 18
Mehlkrankheit 90, 95, 97
Mehltau 90
Behandlung 16
Echter 83, 98, 103
Minze 136–137
Mischkultur 17
Mischkultur 17–19
Mist 23
Mistbeet 40–41
Mizuna 109
Mulche 57

N

Nahrungsmittelproduktion durch Hennen 151

O

Obstanbau 122–133
Bäume 122–125
Bodenvorbereitung 124
dekorative Formen 125
hartes Obst lagern 146–147
Mischkultur 18–19
Obstbaumschnitt 124
Oregano, Mischkultur 18
Orpington, Hähne 155
Hennen 154

P

Paprika 120–121
Pastinake 70, 145
Peperoni 120–121, 145
Petersilie 137
Mischkultur 17, 19

Pfefferminze, Mischkultur 17
Pflanzen: Anbauplanung 14
aus Samen ziehen 42–45
geschützte Kultur 38–41
krankheitsresistente Sorten 58, 60
Pflanzennachbarn 17–19
Pflanzholz 35
Pflanzkelle 34
Pflaumen 128–129
Pflücksalat 104
Pikieren 46–47
Pikierstab 35
Pilzbefall 113
Platz: Anforderungen für Hühner 152–153
in Gewächshäusern 38–39
Überlegungen bei der Planung 14–15
Popcorn 118

R

Radieschen 71
Mischkultur 18–19
Rainfarn, Mischkultur 18
Raupen 74, 81
Bekämpfung 60
Kopfkohl 79
Rechen 35
Recycling: Hühner und 151, 158
s. auch Grauwasser; Kompost/Kompostierung; Wurmkomposter
Regenwasser 55–56
Rhabarber 114
treiben 114
Rhodeländer, Hennen 155–156
Rosenkohl 72–73
Rosmarin 137
Mischkultur 17
Rost 111
Behandlung 61

Rote Beten 68–69
    Mischkultur 18

S

Salbei 138
    Mischkultur 17
Samen: aussäen: draußen 43
    drinnen 44
    geeignete Töpfe 48–49
    kaufen 42
    Radieschenmischung 71
Sämlinge: ausdünnen 46–47
    Pflegeplan 48
    verpflanzen 44
Sandböden 20
Sauerampfer 138
    wilder 143
Schädlinge, Kontrollmaßnahmen 58–60
    Hühner 151
    Mischkultur 17–19
    natürliche Abwehr 58
    s. auch die Einträge zu den einzelnen Obst- und Gemüsesorten
Schalotten 90–91
Schimmel 95
Schlehen 143
Schluffböden 20
Schnecken 65, 74, 80, 83, 87–88, 100, 106–109, 111, 113
    Kontrollmaßnahmen 58–60
Schnittlauch 135
    Mischkultur 17, 19
Schorf, Behandlung 61
Schossen: Lauch 97
    Rote Bete 68
Schubkarre 35
Schwärmen 176
Schweinehaltung 180–181
Sellerie, Mischkultur 18
Selleriefliege 70
Setzschnur 35

Sonnenblumen, Mischkultur 19
Spalierbäume 125–126
Spargel 110–111
    Mischkultur 17, 19
Spargelhähnchen 111
Spaten 34
Spinat 108, 146
    Mischkultur 18
Spinnmilben 103, 115, 120
    Behandlung 60
Sprenger 57
Stängelgemüse: Anbau 110–121
    Familie 16
Staudengemüse, Familie 16
Sussex, Hahn 155
    Hennen 154–155

T

Tagetes, Mischkultur 18–19
Temperatur, im Gewächshaus 39
Thripse 83
Thymian 139
    Mischkultur 19
Tomaten 115–117
    im Pflanzsack 116
    Mischkultur 17, 19
Tonböden 20
Torfböden 20
Tropfschläuche 57

V

Viruserkrankungen, Behandlung 61
Vlies 41
Vögel, schädliche 71, 78–81, 83, 87–88, 90, 95, 108
    Tauben 74, 80–81

W

Wasserversorgung 15, 55–56
Weiße Fliege 81, 103, 115, 120

Weiße Spitzen (Krankheit) 97
Welke, Behandlung bei 61
Welsumer, Hennen 155
Werkzeug 32–35
    für die Bienenzucht 172
    für den Obstbaumschnitt 124
    Pflege 35
Wetter 15
Wilde Tiere, Nützlinge und Schädlinge 16
Wildfrüchte und -kräuter 140–143
Windschutz 57
Wurmkomposter 28–29
    Problembehebung 29
    Regeln für den W. 28
    selbst bauen 29
    Würmer 28
Wurzelgemüse 16
    Anbau 64–71
    Aufbewahrung 145

Y

Yamswurzel, chinesische 109

Z

Zeitungspapier, Blumentöpfe aus 49
Ziegenhaltung 178–179
Zucchini 100–101, 144
    Mischkultur 18–19
    Pflanzloch 100
Zwiebelfliege 91, 97
Zwiebeln 90–91, 145
    Familie 16, 90–97
    Mischkultur 17–18
    zusammenbinden 92–93, 145
Zystenälchen 65

Dank der Autorin

Dieses Buch zu schreiben war in höchstem Maße erfüllend, und für die Hilfe, die Ratschläge, die Ermutigung und die Begeisterung so vieler Bauerngartenbesitzer bin ich äußerst dankbar. Wie immer geht mein Dank an meine zwei Töchter, Camilla und Maddy, dafür, dass sie so geduldig waren, während ich den Computer mit Beschlag belegte und den Sommer über, als ich schrieb, an vielen Abenden zu spät mit dem Essen dran war. Vielen Dank auch dafür, dass sie geholfen haben, einige Aufnahmen zu gestalten.

Mein besonderer Dank geht an Malcolm Husselbee, ein erfahrener Kleingartenbesitzer, der mir am Telefon endlose und unschätzbare Tipps und Tricks verraten hat – natürlich erst, nachdem er sich um sein Gemüse gekümmert hatte. Malcolms Wissen und seine Großzügigkeit waren sehr beeindruckend und er hat uns Gartenbesitzer alle inspiriert. Wenn Sie es schaffen, einen zweiten „Malcolm" zu finden, können Sie sich sehr glücklich schätzen. Auch Vivien Harper ist eine Quelle der Inspiration. Sie hat ihren wundervollen Gemüsegarten, ihren Komposthaufen und ihre Kräuter großzügig geteilt und uns geduldig erlaubt, einfach aufzutauchen und zu fotografieren. Vielen Dank auch an: Holly von „Garden's Maid Tidy", die enorm dabei geholfen hat, meinen Garten unter Kontrolle zu halten, während ich mit Schreiben beschäftigt war; Laurel und Paul Brummer für ihre Großzügigkeit und ihre beeindruckenden Hybrid-Hennen, den Hahn Oliver und die Sussex-Hühner und dafür, dass sie das Gewächshaus bewässert und meine Hennen weggeschlossen haben, wann immer es nötig war; Martin und Dodie Pryke dafür, dass sie ihr Grundstück zur Verfügung gestellt und nicht gelacht haben, als ich gestolpert und mitten in ihr Gemüsebeet gefallen bin; India und Jamie dafür, dass wir ihre Hände ablichten durften, dass sie so fachmännisch Äpfel eingewickelt und nach Wildfrüchten gesucht haben; Jane Howard, die ihr Fachwissen und ihre Leidenschaft für die Kunst der Bienenhaltung mit uns geteilt hat; Alice Nadler für ein paar großartige Tipps aus den Vereinigten Staaten; Richard Maud-Roxby dafür, dass er uns seinen Obst- und Gemüsegarten in allerletzter Minute hat fotografieren lassen, als wir schon aufgaben, jemals Erbsen zu finden, die noch Saison haben; Rob und Caroline Cowan für ein paar schöne Aufnahmen vor Ort, hübsche Ziegen und unwiderstehliche Schweine; Paul Webster, ein sachkundiger Waldarbeiter, für sein ausgezeichnetes Wissen über Wildfrüchte und -gemüse; Christopher Hart dafür, dass er der brillanteste „Fotoassistent" ist, den man sich nur wünschen kann.

Zum Schluss geht ein riesiges Dankeschön an Cindy Richards von CICO Books dafür, dass sie mich damit beauftragt hat, mein bislang liebstes Buch zu schreiben, und an Gillian Haslam, die mich auf diesem Weg auf so fantastische Art begleitet hat. Danke an Jo Richardson für ihre Arbeit am Text und an Sally Powell und Christine Wood für das schöne Layout. Zu guter Letzt geht mein Dank an David Merewether dafür, dass er mit Schnelligkeit und Leichtigkeit die umwerfendsten Fotos für das gesamte Buch geschossen hat, und dafür, dass er auf unseren Fotoreisen ein so angenehmer Begleiter war.